부자는 시간에 투자하고
빈자는 돈에 투자한다

—시간을 가치로 바꾸는 하루 11시간의 마법

표지·본문 사진

Pixabay_josé joseph, Frantisek Krejci, PIRO, Andreas Zimmermann, Gelly, Vladan Rajkovic, Ruslan Sikunov, NikolayF.com

부자는 시간에 투자하고
빈자는 돈에 투자한다

—시간을 가치로 바꾸는 하루 11시간의 마법

주창희 지음

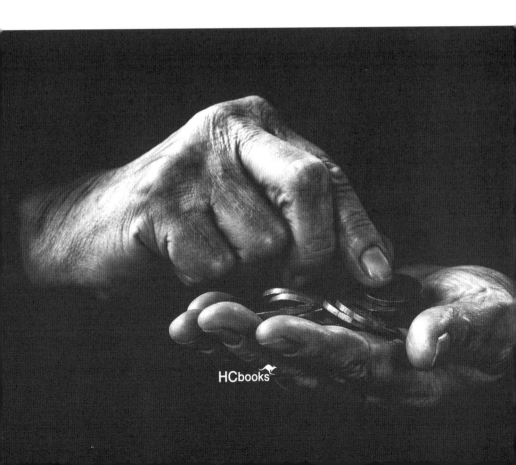

HCbooks

부자에게 시간은 자원이고, 가난한 사람에게 시간은 재산이다!

"Time is a precious commodity. If you have not been enlightened to this actuality in your youth, you most certainly will in old age."

"시간은 귀중한 자산이다. 젊었을 때 이 사실을 깨닫지 못했다면, 나이가 들면서 분명히 깨닫는다."

—Robin Sharma

부자와 빈자가 추구하는 가치는 다르다. 부자는 시간을 추구하고, 가난한 사람은 돈을 추구한다는 것은 미국 월가에서 장기투자의 중요성, 복리효과를 추구하라는 말로 흔히들 사용된다. 다른 말로, 부자는 시간을 확보하기 위해 돈을 투자하고, 빈자는 돈을 확보하기 위해 자신의 시간을 소비한다는 의미다.

　지구의 자전이 하루를, 공전이 1년을 만든다. 이 말은 모든 시간에 주어지는 물리적인 시간의 양은 동일하다는 의미이다. 이것은 모든 사람에게 동일하게 주어지는 유일한, 소중한 자산이다. 태어난 환경에 따라 시간의 가치는 달라질 수 있어도, 적어도 물리적인 시간은 누구에게나 동일하게 주어진다. 적어도 물리적인 시간은 동일하다는 것에 가치를 부여해야 한다. 시간자산으로 이룰 수 있는 것은 상상 이상으로 많다.

안타깝게도, 사회는 사람들의 시간관리 방법에 집중되어 있지, 시간 자체의 가치와 그 사용법에 대해서는 가르치지 않는다.

모두에게 공평하게 주어지는 시간을 바라보는 관점이 모든 것을 바꾼다. 부자는 시간을 자산이라고 생각하고, 빈자는 시간을 재산이라고 생각한다. 시간은 눈에 보이지 않기 때문에 부자는 이 시간을 무언가를 만들기 위한 재료, 즉 자원으로 생각한다. 반면에, 빈자는 시간에 대한 소유권을 강조하여 타인에 의해 자신이 소모되는 것을 경계한다. 즉, 재산을 빼앗긴다고 생각한다. 이러한 관점은 사람들의 삶에서 현상에 대해, 타인에 대해 또 다른 관점을 형성한다. 시간에 대한 관점 차이는 습관을 다르게 하고, 이 습관이 바로 '부자'와 '가난한 사람(빈자)'을 만든다.

시간은 눈에 보이지 않는 자산이자, 재산이다. 그러나, 시간은 내가 가진 재산이 없어지는 것이 아니라, 그 시간을 사용해서 무엇인가를 남기는 것이다. 재산이라고 하는 관점에서는 자신의 시간에 대해 이기적인 관점을 가져야 한다.

우리는 흘러가는 모든 시간 동안 그 무엇을 남긴다. 기억을 남기고, 실력을 남긴다. 시간을 자산이라고 생각하는 사람들은 소중한 자신만의 시간을 활용해서 남길 것을 고민한다. 반면, 재산이라고 생각하는 사람은 그 시간이 지나가 버린 것, 재산이 줄어든 것에 대한 아쉬운 기억, 회한을 남긴다. 시간이라고 하는 재산을 빼앗길 것인가? 재산을 불릴 것인가?

자본주의 사회에서 가장 중요하게 생각하는 가치의 하나인 '성공, 즉 돈'을 버는 방법에 지나치게 교육이 집중된 것 같다. 하지만, '돈'은 사실 그 '돈'을 통해 이루고 싶은 그 무엇을 위한 수단이지 절대적인 목적이 될 수는 없다.

사실, 시간이라고 하는 개념은 이미 우리의 생활 속에 뿌리 깊게 내려앉아 있다. 시간이 모든 평가의 기준으로 활용된다. 노동생산성, 시간당 소득, 국민 총소득 등 대부분의 평가 기준에 시간과 그 시간 동안 이룬 것을 비교함으로써, 비교 우위, 즉 시간의 가치를 책정한다. 학교 수업과 업무 시간도 시간당 기준으로 책정되며, 출퇴근 시간, 회계연도 등 사실 일상생활의 기준점으로 작용하고, 비교 평가를 하기 위한 척도로 작용한다.

시간의 양도 중요하지만, 시간의 가치도 중요하다. 시간의 가치는 '시간당 생산성'으로 표현될 수 있다. 시간의 양은 모두에게 공평할지 모르지만, 시간당 생산성, 즉 가치는 전부 다르다. 또한 현재의 시간가치와 미래의 시간가치는 다르다. 현재의 시간을 사용하는 방식에 따라 미래의 시간가치는 결정된다. 시간에 대한 가치의 설정은 기준 시간을 어디에 두느냐에 따라 현재 시간소비의 패턴이 정해진다.

우리는 늘 '새로운 하루'를 선물 받는다. 매일 잠을 자고, 새로운 몸과 마음을 선물 받는다. 그 선물 같은 하루 시간을 어떻게 보내는가에 따라서, 새로운 내일이 늘 '새로운 오늘'로 다가온다.

통상적으로 30년은 부모의 우산 아래에서 성장하고, 30년은 본인의 우산을 만들고, 나머지 40년은 본인의 우산을 지켜야 한다. 모든 사람은 노년기를 맞이하게 되어 있고, 모든 사람에게 적용될 공통적인 잣대가 바로 시간이다. 시간 관리에 대한 들은 매우 많지만, 시간에 대한 개념부터 활용법까지 체계적인 내용을 담은 책이나 교육은 발견하기는 쉽지 않다.

필자는 25년 이상 기업 영업에 종사하면서, 국내 및 해외까지 정말로 다양한 사람들을 만나 왔다. 성공적이었냐 하는 잣대를 논하기 이전에, 경험적인 측면에서는 그 누구보다 많은 경험과 사례를 가지고 있다고 자부한다. 수많은 사람과의 만남에서 경험하고 관찰한 내용, 그들이 시간을 사용하는 방식에 관한 내용을 글로 적어보고자 한다.

본 책에서는 이해를 돕기 위해 부자와 빈자로 구분하여 표현해 보았다. 또한 신뢰성을 높이기 위해 명사들의 명언을 섞어 가면서 책을 구성해 보고자 한다. 시간에 대한 가치를 인식하고, 걸어온 시간길을 재해석하고, 더 나은 미래의 길을 형성하기 위한 작은 깨달음을 얻는 데 보탬이 되었으면 하는 바람이다. 깨달음을 얻는 그 시점이 아마도 가장 빠른 시간일 것이다.

"Today is the oldest you've ever been, and the youngest you'll ever be again."
"오늘은 당신이 이제껏 겪어본 가장 나이가 많은 날이자, 다시는 겪지 못할 가장 젊은 날이다."

—Eleanor Roosevelt

목 차

제5장/ 하루 11시간의 마법

**부자는 시간에 투자하고
빈자는 돈에 투자한다**

—시간을 가치로 바꾸는 하루 11시간의 마법

제1장

시간의 경제학

부자들은 시간당 생산성을, 빈자들은 시간당 대가를 추구한다. 부자는 스스로 시간을 통제하고, 빈자는 시간을 통제받는다.

"Time is free, but it's priceless. You can't own it, but you can use it. You can't keep it, but you can spend it. Once you've lost it, you can never get it back."

"시간은 무료지만, 값을 매길 수 없다. 소유할 수는 없지만, 사용할 수 있다. 간직할 수는 없지만, 쓸 수 있다. 한 번 잃으면, 결코 되찾을 수 없다."

—Harvey Mackay

시간은 지켜야 할 재산이 아니다

부자에게 시간은 투자자산이고, 투자를 통해 그 무엇을 남긴다. 빈자에게 시간은 지켜야 할 재산이고, 아쉬움을 남긴다.

영어로 자산은 'Assets'로 표현되고, 주로 경제적인 가치를 의미한다. 재산은 'Property'로 표현되고, 법적인 소유권을 가진 것을 의미한다. '자산'은 주로 경제적 관점에서 사용되고 투자 재원으로 사용된다. '재산'은 법적인 소유권이 강조된 의미이다.

한자를 살펴보면, 자산(資産)에서 '資(자원 자)'는 '자원', '재료', '자본'을 의미하고, 産(낳을 산)은 '생산하다', '나타나다', '창출하다'의 뜻을 가진다. 즉, "자원을 통해 창출되는 것"을 말한다. 반면, 재산(財産)에서 財(재물 재)는 '돈', '재물', '부'를 의미하고, 産(낳을 산)은 자산과 마찬가지로 의미로 해석된다. 즉, "재물에서 발생한 것"을 말한다.

자산은 주로 경제적 가치 창출을 위한 활용 가치, 재산은 법적 소유권을 보존해야 할 가치를 말한다. 결국, 자산은 투자를 해서 새로운 가치를 창출하는 데 의미가 있고, 재산은 지키는 데 의미가 있는 것이다.

모두가 공평하게 가진 시간은 '자산'인가, 재산인가?

시간은 매우 독특한 자원이다. 눈에 보이지 않지만, 서로 거래한다. 시간과 시간을 거래하기도 하고, 시간을 시간당 대가, 즉 돈으로 바꾸기도 한다. 자신만의 시간이지만, 사실 법적 소유권은 없고, 자신만을 위해 쓸 수도 없다.

사람들은 재산과 자산 개념을 혼용해서 사용한다. "시간이 소모되고, 빼앗긴다고 생각하는 것, 간섭받는 것은 소유권 침해라고 생각하는 것, 미래보다는 현재의 만족을 중시하는 것. 정시에 출근하는 것" 이것은 '재산'으로 생각하는 것이다. "일정 시간 동안 무언가 이루려고 하는 것, 현재의 시간을 미래의 시간가치 증대를 위해 투자하는 것, 공부하는 것, 근로계약을 하는 것" 이것은 시간을 '자산'으로 생각하는 방식이다. 하고 싶은 일을 할 때는 자산이라고 생각하고, 하기 싫은 일을 할 때는 재산이라고 생각한다. 시간 재산을 빼앗긴다고 생각한다.

우리는 저마다의 방식으로 시간을 사용한다. 누구를 위해 그 시간을 사용하는가? 무엇을 하면서 시간을 사용하는가? 그 시간을 사용하는 동안 어떤 감정을 느끼는가? 그 시간이 지난 후 무엇을 남기는가?

시간은 재산이 아니다. 재산으로 바꿀 수 있는 자원이다. 시간이라고 하는 자원 자체는 원석이기 때문에 아무런 가치를 생산하지 않는다. 그러나, 시간이 모여 '일정 기간'을 형성하게 되면 달라진다. 바로 자원이 실체적인 모습을 띠게 되는 것이고, 무엇인가를 남기게 되기 때문이다. '일정 기간'은 재산으로서의 의미가 있다. 최소한 그 어떤 기억을 남긴다. 좋은 기억 등 무언가를 남겨야 비로소 '재산'으로서의 가치가 생기기 시작한다.

내 생각과 가치가 투영되고, 방향을 정하고, 산출물에 대한 목표가 정해지면, '찰나의 순간'이 모여 '일정량의 시간, 즉 일정 기간'이 필요하게 된다. 비로소 시간이 조금 더 시각화되는 느낌이고, 시간이 일정 형태를 띠기 시작하는 것을 느낄 것이다. 우리는 이 기간 동안 그 어떤 것을 추구한다.

① 시간 자체는 원석으로서 아무런 가치와 실체가 없다.
② 목표 설정, 방향을 부여하면, 길이, 방향이 생긴다.
③ 실체를 만들려면, 일정 기간이라는 개념이 필요하다.
④ 시간을 가치 있게 하려면, '일정 기간'들을 잘 설정해야 한다.

사람들이 태어나 가진 재산의 양은 다르다. 부모가 다르고, 환경이 다르기 때문이다. 그러나, 우리가 가진 재산으로 얻고자 하는 것이 무엇일까?

돈과 재산은 분명 그 어떤 것, 그것이 주는 그 어떤 가치를 얻는 데 필요한 것이지, 돈과 재산 자체는 아무런 의미가 없다. 돈은 통장에 찍힌 숫자이며, 단위가 찍힌 화폐에 불과하다.

그렇다면, 왜 돈을 많이 가지려고 하는가? 우리는 가진 돈으로 무엇을 구매하는가?

먼저, '행복한 시간'을 갖기 위해, 시간을 투자하고, 돈을 번다. 사람들은 대개 '좋은 사람과 맛있는 음식을 먹는 시간'에 가장 큰 행복감을 느낀다고 한다. 바로 '행복한 시간'을 많이 가지기 위해 시간을 투자하고, 돈을 벌려고 하는 것이다. 원석 같은 시간에 돈을 통해, 사람을 통해 '행복'이라는 가치를 부여함으로써, 비로소, 시간이 형체를 가지기 시작하는 것이다.

그렇다면, 부자를 어떻게 정의할 수 있을까? 돈이 많은 사람인가? '행복한 시간'을 많이 가진 사람인가?

'행복한, 의미 있는 시간'을 많이 가진 사람이 부자다. 이 행복한 시간을 많이 가지려고 노력하는 것이 부자의 습관이다. 반면, 시간을 재산이라고 착각하고, 소모되는 것이 두려워 '순간의 만족'을 추구하는 사람이 빈자의 습관이다.

순간의 만족이 미래로 연결되지 않으면, 지나가 버린 시간으로 인한 회한이 다가올 것이다. 왜냐하면, 저마다 긴 시간길을 가지고 있고, 그 길을 걸어가는 과정에서 다른 사람들과의 비교에서 절대 자유로울 수 없기 때문이다.

① 시간은 원석이고, 목표와 방향을 정해야 생산이 시작된다.
② 돈은 '행복 구매력'의 크기를 나타내는 지표일 뿐이다.
③ 시간길은 길다. '불행한 시간', '행복한 시간', 둘로 나뉜다.
④ '행복한 시간'을 많이 가지는 것이 모든 사람의 목표이다.

그러나, 행복의 기준은 저마다 다르다. 시간에 대한 인식이 부자와 빈자의 시간을 다르게 한다. 부자는 그 시간에 대한 의미를 찾고, 그 시간을 미래와 연결하여, 자신만의 가치를 부여한다. 즉, 부자는 '시간가치'를 추구한다. 이것이 행복이라고 생각한다. 사람들이 행복한 시간을 늘 가질 수는 없지만, 자신의 시간을 의미 있게, 가치 있게 만들 수는 있다.

시간에 대한 인식 차이는 배우는 방법을 다르게 하고, 행복에 대한 기준도 다르게 한다. 부자들은 돈의 양을 추구하는 것이 아니라, 시간의 가치를 추구한다. 즉, 시간당 생산성을 추구한다.

부자의 습관을 다시 요약하면 다음과 같다.

① 행복의 기준을 남과의 비교에서 자기 내면으로 돌릴 것.

② 시간은 다시 오지 않으니, 매 순간의 의미를 찾을 것.

이것을 깨닫는다면, 당신은 이미 부자이다. 부자는 '돈을 많이 가진 사람'이 아닌 '행복한 시간'을 많이 가진 사람일 것이다.

멕시코 해변에 사는 사람, 뉴욕 맨해튼에 사는 사람. 멕시코 해변에 사는 사람이 뉴욕에 가고 싶을 수는 있으나, 그들이 누리는 삶을 바라지는 않을 것이다. 반대로 뉴욕에서 돈을 버는 목적은 멕시코 해변 별장에서 여유로운 삶을 가지기 위함일 수도 있다.

'행복한 시간'을 많이 가지는 것이 부자라는 관점에서, 뉴욕에 사는 사람, 멕시코 해변에 사는 사람 중 누가 부자인지 생각해 볼 필요가 있다.

부자와 빈자의 가장 큰 차이는 시간에 대한 인식 차이다. 이러한 인식 차가 행복한 시간의 양을 결정한다. 시간자산을 쓰는 방식에 따라, 부자와 빈자로 구분해서 이 책을 서술하고자 한다.

♣ 부자는 시간을 통합하고, 빈자는 시간을 분리한다.
♣ 부자는 시간을 자산으로, 빈자는 재산으로 인식한다. 부자는 다른 가치 창출을 위한 자원이라고 생각하고, 빈자는 돈을 벌기 위해 판매되거나, 소모되는 재산이라고 생각한다.
♣ 부자는 '시간당 생산성'을 추구한다. 더 잘하는, 다른 방법 고민하고, 다양한 실험을 한다. 이를 통해 실력이 쌓이고, 시간도 벌고, 시간당 대가도 덤으로 얻는다. 선순환이 반복된다. 복리효과가 점점 커진다.
♣ 빈자는 '시간당 대가'를 추구한다. 시간당 대가를 기준으로 자신의 능력과 업무 강도를 조절한다. 당연히 실력은 쌓이지 않고, 시간당 생산성은 떨어지며, 시간당 대가는 늘어나지 않는

다. 시간당 대가가 적음에 늘 불평한다. 악순환이 반복된다. 변화와 도전은 아무런 대가 없는 불필요한 업무라고 생각한다.

♣ 부자는 자신의 삶을 추구하고, 추세를 중시한다. 일상에서 매 순간 깨달음을 통해 스스로 배운다. 자신을 위해 학습하고, 매 순간에서 의미를 찾고, 학습을 추구한다. 시간의 소중함을 뼛속까지 느끼고 산다. 매 순간 행복을 발견한다. 일하는 시간, 쉬는 시간에 대한 큰 차이를 부여하지 않는다. 자신의 어제와 오늘, 즉 '추세'를 중시하고, 인생을 길게 본다. 가진 것을 감사하고, 가진 것을 기준으로 투자 효과를 고민한다. 스스로 시간을 통제하고, 매 순간의 경험이 자신을 향하도록 한다. 부자는 동질성보다는 차이를 존중하고, 변화와 도전을 기회라고 생각한다.

♣ 빈자는 타인의 삶을 추종하고, 숫자에 광분한다. 남이 가르치는 것을 별도의 시간을 내어 학습하고, 상대가 원하는 것을 제공하기 위한 기술을 배운다. 자신의 시간을 희생하고, 그 시간의 대가로 받은 돈으로 행복한 시간을 구매한다. 숫자로 다른 사람과 비교하고, 우열을 가리고, 순간의 우위에서 만족을 추구한다. 가진 것을 보지 못하고, 가지고 싶은 것과 가질 수 없는 것을 추구하고, 덜 가진 것을 한탄한다. 이는 다른 사람으로부터 자신의 시간과 생각을 지배받는 것이며, 그 시간을 극복하려고 하는 것이 아니라, 그 시간이 지나가기를 기대하는 것이다. 동질성에서 위로받고, 변화와 도전을 동질성에서 벗어나는 것으로 회피하려고 한다.

♣ 부자는 자신의 역사를 쓰고, 빈자는 그들의 역사를 따른다. 부자는 자신만의 방식으로 규칙을 재해석하고, 규칙을 만든다.

빈자는 남이 정한 규칙을 받아들이고, 불평하면서도 따른다.

♣ 부자는 '시간비용'을 기준으로 매 순간 선택을 하고, 빈자는 '돈의 가성비'를 기준으로 선택한다.

♣ 부자는 다른 사람의 시간을 존중하고, 빈자는 자기 시간의 아까움에 집착한다. 이것은 그 사람의 인격을 결정한다.

02

사람이 가질 수 있는 자산

사람이 가질 수 있는 가장 큰 자산이 무엇일까? 당신은 어떤 자산을 가장 소중하게 생각하는가?

자산은 우리가 추구하는 '돈'을 만들기 위한 원재료이다. 그 재료가 '돈'일 수도 있지만, 이는 사람마다 다르기에, 가장 기초적인, 누구나 가지고 있는 자산을 소개하고자 한다.

■ 신체적 및 정신적 조건

부자는 다름을 추구하고, 빈자는 동질성에서 위안을 얻는다. 기본적으로 자신이 선택한 것이라기보다는 대부분 유전적으로 주어지는 쪽에 가깝다. 그러므로 주어진 조건을 받아들이는 태도가 중요하다. 자신의 조건을 인정하고, 받아들이고, 그 조건에서 본인이 할 수 있는 것을 찾아서 강화하는 것이 중요하다.

부모가 자신들의 삶을 살아내었기 때문에, 자식인 지금의 내가 있는 것이며, 나 또한 살아낼 힘은 항상 가지고 있다는 믿음을 가져야 한다. 좋은 조건, 안 좋은 조건은 사회가 정한 것이지 내가 정한 것이 아니다.

좋은 신체와 정신을 타고난 사람은 그 자체로 충분한 경쟁력을 발휘하여 직업으로 연결되기도 한다. 만일, 불리한 신체, 정신 조건을 가지고 있다면, 그것은 안 좋은 것이 아니라 다른 것이라는 믿음을 지속해서 강화해야 한다.

자신이 컨트롤할 수 있는 것, 남들이 가지지 못한 것에 집중해서 내가 가진 것을 활용하고 강화해 가는 노력이 중요한 영역이다. 즉 타고난 신체적, 정신적 조건 자체는 당장 눈에 보이고 비교되기 때문에 중요한 요소로 보일 수 있다. 하지만, 관점과 노력이 다른 결과를 유발한다는 것을 믿어야 한다.

미국 워싱턴으로 출장을 갔을 때 백악관 근처에 중학생 같은 20여 명의 아이들이 한 줄로 소풍으로 나온 광경을 목격한 적이 있었는데, 학생들 생김새의 차이가 상상을 초월하는 것을 보고, 이것이 미국의 힘이라는 사실을 실감한 적이 있다.

"True connection is not about being similar; it's about being able to embrace differences."
"진정한 연결은 유사성에 있는 것이 아니라, 차이를 포용할 수 있는 능력에 있다."

—Deepak Chopra

■ 부모와 부모가 가진 환경

부모는 나에게 시간을 선물했지만, 나와는 다른 시간을 산다. 태어나 보니 이분들이 부모이고, 여기가 살아갈 집이다. 태어나는 순간, 당황하는 순간의 연속일지도 모른다. 부모님도, 태어난 나도 모두 서로 당황하면서 살아갈 수도 있다. 그러나, 분명한 것은 나 자신은 부모님의 사랑으로 태어난 것이고, 부모님은 나에게 일생이라고 하는 시간을 선물해 주신 분들이다.

그러나, 나는 부모와 다르다. 부모가 그 다름을 인정해 주면 고마울 일이지만, 안타깝게도 부모는 자신의 처지를 자식에게 투영하려고 하거나, 반전을 꾀하기를 원하는 경향이 있다.

만일, 부모가 나름 성공적이었다고 생각한다면, 자신의 성향을 자식에게 투영하려고 노력할 것이다. 반대로 자신이 성공적이지 않다고 생각한다면, 자식은 그렇게 살지 않도록 노력할 것이다.

통상적으로 사람의 성격은 유전으로 40%, 부모 품에서 자라는 유아기(~12세)까지의 경험이 30%, 나머지 30%는 공개되지 않은 자기 경험으로 형성된다고 한다. 즉, 유전적인 부분이 40%, 나머지 경험적인 부분이 60%로써, 부모와 자식은 태어나는 순간 달라지기 시작한다는 것이다.

그러나, 부모는 그 다름을 옳고 그름으로 판단하려고 하는 경향이 많다. 특히 요즘같이 자녀를 많이 출산하지 않는 시대에서는 부모와 자식 간의 유대 관계는 더욱 강화된다. 즉, 이러한 유대 관계는 서로에 대한 의존도를 높이게 되고, 사회생활을 하는데 문제를 일으키기도 한다. 부모와 자식이 다름을 서로서로 인정할 때 비로소 좋은 관계가 형성되는데, 강한 의존도는 서로의 동질성을 강화하는 효과가 있다. 참 어려운 영역인 것은 맞다.

다른 것은 절대로 같아질 수 없다. 물감 색을 떠올리면 쉬울 것이다. 다른 색깔을 섞어서, 한쪽 색깔로 맞추는 것과 같다. 이것은 불가능하며 이상한, 아름답지 않은 색깔로 변하는 것이다.

부모가 다르고, 가진 환경은 다르지만, 이것이 나를 다르게 하는 힘이고, 그 힘은 나를 더욱 차별화하는 원동력이 될 것이다. 모든 사람은 동일한 시간을 부여받았고, 서로 다른 매력을 선물 받았다. 이러한 사상이 차이를 만들 것이다.

■ 시간

가장 공평하게 주어지는 자산이자, 자원이다. 이것은 부모로부터 받은 가장 위대한 선물이자, 중요한 자산이다. 그러나, 이 시간을 사용하는 방식과 주변 환경에 따라 시간의 가치는 달라진다. 누군가를 위해 나의 시간을 판매하기도 하고, 나 자신이 대가를 지급하고 누군가의 시간을 구매하기도 한다.

대표적인 예가 직장인이다. 종업원은 시간을 판매하여 시간당 대가를 받고, 고용주는 그 종업원이 만든 결과물을 가져가고, 대가를 지급한다. 고용주는 양질의 시간을 구매해서, 좋은 제품을 만드는 것을 추구하고, 종업원은 시간당 대가의 크기를 추구한다.

모두가 추구하는 가치는 바로 '시간이 만들어 내는 가치'이다. 시간당 생산성과 시간당 대가를 높이기 위해 다들 고군분투한다.

나의 24시간이 100시간의 가치를 만들 수 있다면?

■ 관점과 태도

관점과 태도는 나 자신의 의지로 선택할 수 있는 유일한 자산이다. 이것은 위 세 가지 자산을 가장 잘 활용할 수 있도록 하는 엔진과 같은 역할을 한다. 기본적으로는 주어지만, 얼마든지 후천적으로 단련될 수 있으며, 깨달음이 중요하게 작용한다.

신체적 정신적 조건과 부모와 환경은 나 자신의 주체와 관련된 것이다. 반면에, 시간이라고 하는 것은 유전이나 환경과는 관계없이 아무런 조건 없이 주어지는 자산이다. 다시 말해, '시간'이 모든 사람에게 주어지는 길이 없는 광활한 광야와 같은 것이라면, '태도'는 그 광야에 길을 내어 나가게 하는 동력장치, 즉 엔진과 같은 것이다. '태도'라고 하는 자산이 길고 긴 인생 시간길에서 방향, 속도, 거리를 결정한다. 태도는 나의 엔진이며, 언제나 바꿔서 장착할 수 있다. 당신은 어떤 엔진을 장착할 것인가?

위에서 말한 네 가지 자산이 사람이 가질 수 있는 가장 기초적인 자산이며, 이 네 가지를 가지고 사람은 일생을 살아간다. 이 책에서는 시간과 태도에 대해 중점적으로 적어보고자 한다.

—신체적 정신적 조건
—부모와 환경은 나의 선택이 아니며, 저마다 다른 것이지, 좋고 나쁨의 문제에 집중해서는 안 된다. 다르기 때문에 다른 가치를 만들 수 있다는 믿음을 가져야 한다.
—시간은 물리적인 관점에서는 동일하게 주어지지만, 그 시간당 가치는 달라지기 시작하며, 광활한 광야와 같은 것이다.
—태도는 자신의 힘으로 유일하게 선택이 가능한 것이며, 광활한 시간에 길잡이가 되고, 달려갈 수 있는 엔진과 같은 역할

을 한다.

"Life is 10% what happens to us and 90% how we react to it."
"인생은 10%는 우리에게 일어나는 일이고, 90%는 우리가 그것에 어떻게 반응하는가에 달려 있다."

—Swindoll, C. R. "Strengthening Your Grip."

03

시간자산의 속성과 가치

시간은 무엇인가? 모두에게 무슨 의미를 지니고 있는가? 하루 24시간은 기본적으로 선택한 것이 아니라 주어진 것이다. 이 주어진 시간에 당신은 어떤 의미를 부여할 것인가? 의미를 찾은 사람과 못 찾은 사람 무엇이 다른가? 한번 지나간 시간은 돌아오지 않고, 지금도 시간은 지나간다.

시간 자체를 내가 선택한 것이 아니라는 것은 분명한 것 같다. 부모의 선택이었고, 나에게는 소중한 시간이 주어진 것이다. 고대 시절부터 시간에 관한 연구는 너무나 많이 진행되었고, 시간의 개념과 함께 시간을 측정하고, 평가하는 연구하는 일을 진행해 왔다. 시간의 속성에 대한 명언들은 이루 헤아릴 수가 없다. 그 명언들을 요약해 보면 개략적으로 아래와 같이 요약될 수 있다.

① 시간은 지나가지만, 기억은 남는다. 고유의 길이 형성된다.
② 지나온 시간의 길은 되돌아갈 수 없다. 앞으로만 나아간다.
③ 시간길은 중단되지 않는다. 과거, 현재, 미래는 연결된다.
④ 시간길을 걸어가는 속도는 저마다 다르다.

⑤ 그 누구도 자신의 시간길을 대신 걸어줄 수 없다.

지구는 끊임없이 자전과 공전을 반복하고, 서로 다른 궤도를 그리면서 늘 새로운 하루와 1년을 만들어낸다. 자신이 아무것도 하지 않더라도 시간은 지나가며, 잠자는 시간을 제외하면 모두 다 시간이 지나가는 것을 느끼면서 살아가고 있다.

시간은 공기와 같이 눈에 보이지도 않고, 지나가 봐야, 없어져 봐야 비로소 그 가치를 깨닫는 경향이 있다. 없으면 살 수 없는 자산이지만, 눈에 잘 보이지 않는다는 이유로 경시된다.

시간에 대한 인식은 상대적인 것으로 다른 사람과 비교될 때, 자신이 나이가 들어 자신의 상태가 변경될 때(세월이 지났을 때) 비로소 그 가치를 인식하는 경향이 있다. 주변의 다른 사람들은 늘 무엇인가를 하면서 시간을 보내기 때문에, 자신이 가만히 있으면, 시간이 지나가는 속도는 더 크게 느낄 것이다.

시간길을 걸어가는 사람들이 가진 환경이 다른 것도 속도의 차이를 느끼게 한다. 어떤 사람은 맨몸으로 홀로 걸어가고, 어떤 사람은 좋은 환경을 기반으로 좋은 교육을 받는 등 훌륭한 조력자와 함께 걸어가기도 한다.

이러한 차이가 기억으로 남게 된다. 때로는 좌절감으로, 때로는 성취감이 남기도 하지만, 분명한 것은, 어떤 기억을 지니고 있는가, 하는 것이 하나의 관성을 형성하고, 미래로 나아가는 길을 형성할 것이다.

아무것도 하지 않으면, 자신의 시간을 컨트롤하는 것이 아니라, 다른 사람에 의해 자신의 시간을 맡기는 것과 같은 결과를 유발할 것이다.

시간이라고 하는 것은 일종의 원석과 같은 것으로 스스로 길을 만들지 않으면, 남이 만든 길을 따라가기 쉬워진다. 그러나, 그 누구도 자신의 시간길을 대신 걸어줄 수 없다. 심지어 가족이라 하더라도 대신 삶을 살아줄 수 없다는 점을 사실 우리 모두 이미 알고 있다.

이렇듯, 시간은 누구에게나 동일하게 주어지지만, 어떤 조건과 환경, 어떤 기억, 어떤 목표나 비전을 지니고 가는가에 따라 시간길을 걸어가는 속도가 달라지기 때문에, 그 가치, 즉 시간당 생산성이 달라지기 시작한다. 시간의 속성을 다시 한번 정리하자면 다음과 같을 것이다.

■ 모든 사람에게 하루 24시간은 공평하게 주어지는가?

시간의 절대량은 모두에게 공평하다. 대기업 총수도, 대통령도, 부모도, 어린아이에게도 하루 24시간은 주어진다. 한국, 미국에 있는 사람에게도 똑같이 24시간이 주어진다. 심지어, 식물과 동물에게도 똑같이 주어지는 것이 시간의 절대량인 듯하다.

그러나, 지구는 타원형으로서 늘 회전하는 궤도가 변하고, 반대 방향으로 돌 수가 없다. 이 말은 늘 같은 하루는 있을 수 없으며, 한번 지나간 하루는 되돌리지 못하고, 사람의 기억과 그 시간 동안 남긴 흔적이 현재에 영향을 끼칠 뿐, 한번 지나간 시간은 되돌릴 수 없다.

이런 의미에서 시간은 사람이 가진 가장 기초적이지만, 유한한 자원이며, 다시 찾을 수 없다는 측면에서 가장 소중한 자산이며, 공평한 자산이라고 할 수 있다. 시간은 공기와 비슷한 면이 많다. 눈에 보이지 않고, 잃어버려야 비로소 그 소중함을 깨닫게 되는 측면에서 보면, 매우 비슷하다. 공기는 돈으로 살 수 있지만, 시간은 절대 돈으로 살 수 없다는 측면에서는 시간이 가장 소중한 자산이라고 할 수 있다.

■ 모든 사람의 24시간은 그 가치가 똑같은가?

시간이 유전 등 환경과 만나면 가치는 달라진다. 누구에게나 동일하게 주어지는 하루 24시간은 주변 환경 및 사람에 따라 사용하는 모습이 달라지고, 사회적 지위가 높은 사람은 다른 사람에게 일을 시켜서 자신의 시간을 아웃소싱하고, 어떤 사람은 자신의 시간을 회사와 계약하여 돈으로 교환하기도 한다.

모든 회사원은 자신의 시간을 회사를 위해 사용하기로 하고 연봉을 받는 것이다. 반대로 고용주는 돈을 투자해서 다른 사람의 시간을 구매한 것이다. 돈을 투자해서 다른 사람의 시간을 산 사람과 자신의 시간을 돈으로 교환한 사람 중 누가 더 시간당 생산성, 즉 수익률이 높을지 생각해 본 적 있는가?

사람들이 돈, 권력을 가지려고 하는 이유는 모두 다른 사람의 시간을 사기 위함이라고 해도 과언이 아니다. 태어나는 순간 똑같이 주어지는 24시간이다. 그러나, 24시간은 사용하는 방법, 상대적 가치 등 모든 것이 달라지기 시작한다. 혼자의 힘으로 하루를 해결해야 하는 사람, 누군가의 도움을 받아서 하루를 편하게 지내는 사람, 이 두 사람의 시간이 공평하게 주어진 것이라 말할 수 있는가? 아침에 일어나면, 나는 직접 아침을 해 먹는데 시간을 써야 하고, 누군가의 아침에는 어제 먹은 숙취를 해소하라고 해장국이 놓여있는 하루의 시작을 맞이한다. 내가 아침을 하는 시간을 절약했기 때문에, 나는 그 시간에 다른 무엇인가를 할 수 있을 것이다.

시간이 공간, 사람, 관계 등을 만나게 되면 그 가치가 달라지는 것이 우리의 현실이다. 내가 부모를 선택한 것도 아니고, 가난을 선택한 것도 아닌데, 태어나자마자 공평하게 주어진 24시간은 서로 다르게 흘러가는 것이다.

■ 모두 24시간을 똑같은 방식으로 사용하는가?

시간을 채우는 방식, 내용에 따라 하루의 가치가 달라진다. 누군가는 출퇴근 길에 게임을 하고, 누군가는 책을 읽고, 시사 경제 뉴스를 검색한다. 차로 출퇴근하는 사람, 대중교통을 이용하는 사람의 시간 활용 방법이 다르다. 퇴근해서 친구들과 고객들과 술을 한 잔하고, 누군가는 대리운전 등 부업을 통해 추가 소득을 올린다. 누구는 영화를 보고, 누구는 사람들과 수다를 즐긴다.

지금의 시간을 즐기는 사람, 현재의 시간을 미래에 투자하는 사람, 끊임없이 돈을 벌기 위해 일하는 사람, 돈을 벌기 위해 투자 공부를 하는 사람 등 사람들이 시간을 사용하는 방식은 너무나 다양하다. 나중에 자세하게 이야기하겠지만, 시간을 사용하는 방식은 결국 '시간을 확보하려고 하는가, 소비하려고 하는가?' 하는 두 가지 부류로 나뉠 것이다.

■ 지금의 24시간은 5년 후에도 똑같은 24시간인가?

시간은 연결된다. 시간이 기간의 개념을 만나면, 하루의 가치가 또 달라진다. 태어나 보니 나의 하루가 이런 것을 어떻게 하라는 말인가? 태어난 것이 나의 잘못인가? 이런 질문을 하기 시작하면 끝이 없다.

지금의 하루를 어떻게 사용하는가 하는 것이 내일의 시간가치를 결정하는 데 큰 영향을 미칠 것은 분명해 보인다. 만일 더 열심히 살고, 더 열심히 공부했더라면, 지금 나의 하루의 가치가 달라졌을 것인가? 보다 여유가 있는 하루를 맞이할 수 있지 않았을까? 하는 푸념을 모든 사람이 해본 적이 있을 것이다.

지금의 시간은 미래의 시간과 다르다. 지금의 시간을 어떻게 사용하느냐가 미래의 시간에 큰 영향을 미친다. 오늘의 하루가 미래의 하루의 가치가 24시간 이상이 되도록 할 수 있는 초석이 되는 셈이다.

　그래서, 현재의 시간을 즐기는 것도 중요하지만, 행복은 가까운 미래에 대한 안정성이 담보되어야 하기에, 일정 시간은 미래의 시간 효율성 확보를 위해 투자하는 것이 중요하다.

■ 몇 시간 깨어 있고, 언제 하루를 시작하는가?

　하루를 몇 시에 시작하고, 몇 시에 잠드는가? 사람들이 실제 사용하는 시간의 양은 저마다 다르며, 이러한 습관이 매일 반복된다면, 그 시간의 미래가치는 달라진다.

　하루 8시간을 잠자는 사람과 하루 6시간을 자는 사람의 하루가 같지 않은 것이다. 공부를 더 할 수도 있고, 일을 더 할 수도 있고, 친구들과 더 오래 어울릴 수도 있고, 게임을 더 길게 할 수도 있다.

　아침을 2시간 일찍 시작하는 사람, 밤에 2시간 늦게 잠드는 사람마다 그 시간가치는 달라질 것이다. 하루 24시간 중에서 오롯이 자기 의지로 결정하는 시간이 얼마나 될까? 필자는 하루의 시작 시각이라고 본다. 하루의 시작을 남들보다 1시간 먼저 한다면, 5년 후, 10년 후 어떻게 될까?

　시간은 연결된다. 전날 어떤 시간을 보냈느냐에 따라 다음 날의 시작 시각과 상태에 영향을 준다. 바로 이 대목에서 자기 관리가 중요하게 등장하게 된다. 그래서, 일정한 시간에 하루를 시작하는 사람, 친구들과 한잔하고 숙취에 아침에 늦게 일어나 지각을 하는 사람의 시간가치가 다르다.

　이렇게 시간은 연결되고, 미래 시간에 영향을 주게 된다. 가급적 하루의 시작이 늘 일관될 수 있도록 자기 관리가 필요하다. 사람은 하루만 사는 것이 아니다.

■ 주로 누구와 하루 시간을 보내는가?

누구와 같이하느냐에 따라 내 시간의 가치는 달라진다. 좋은 친구, 선배를 만나면, 내 시간의 가치가 높아지는 것이 사실이다. 내 시간을 어떤 사람과 주로 보내는가 하는 것은 매우 중요하다.

워렌 버핏과 점심을 먹기 위해서 왜 사람들은 몇백만 원을 지급하는지 생각해 보면 간단하다. 나의 1시간이 100시간 이상의 가치를 창출할 수도 있는 사람이기 때문이다. 그러나, 정작 많이 배우는 것은 워렌 버핏일 것이다.

훌륭한 사람들을 만나 그분들의 경험을 듣고, 삶의 지혜를 얻는 것은 돈으로는 살 수 없는 것이다. 여러분들 주변에는 겉으로 드러나지 않았을 뿐, 정말 훌륭한 사람들이 많다. 이분들을 통해 간접 경험으로 하는 것은 그 사람들의 경험과 지혜를 지렛대로 삼아 나의 시간을 늘리는 효과가 있다.

사람들이 책을 읽는 경우도 동일하다. 책을 읽는 시간을 투자해서 그 책에 나와 있는 경험과 지식, 지혜를 쌓는다면, 나는 훨씬 더 많은 시간을 절약하는 효과를 얻을 수 있을 것이다. 책을 읽는 것은 시간을 소비하는 것이 아니라 절약하기 위한 것이다.

■ 나는 일을 직접 하는가? 아웃소싱하는가?

어떻게 일을 하느냐에 따라서 가치는 또 달라진다. 모든 일을 본인이 직접 해야 적성에 풀리는 사람이 있고, 완성도는 떨어지더라도 일을 나누고, 시간을 나누는 사람들이 있다. 당연히 시간가치는 달라질 것이다.

주식 투자를 함에 있어, 어떤 사람은 개별종목들의 직접 모두 조사해서 직접 매매를 하고, 어떤 사람은 펀드, ETF 등 전문가 집단에서 만든 상품을 거래하기도 한다. 직접 하는 것과 전문가에게 맡기는 것이 어느 편이 낫다고 이야기하기보다는 적어도 시간 관점에서 자신의 시간을 남에게 아웃소싱하는 것도 고민해 볼 필요는 있는 것이다.

사람은 모든 것을 직접 할 수는 없다. 내가 잘하는 것은 내가 하고, 나보다 더 잘하는 영역에 있는 사람의 시간을 적은 비용으로 살 수 있다면, 아웃소싱, 즉 일정한 대가를 지급해서라도 내 시간가치, 즉 생산성을 높이는 시도를 할 필요가 있다.

Chat GPT발 LLM(Large Language Model) 기반 AI 서비스가 화제이다. 내가 원하는 정보나 목적지에 들어가는 데 필요한 클릭 횟수를 줄여주고, 시간을 단축해 주고, 정확도를 높여주는 것. 이러한 것들 모두 나의 시간을 줄여주는 것이다.

자동차에서도 음성 AI로 명령만 내리면 원하는 정보를 알려주고, 목적지를 찾아서 가장 빨리 가는 길을 찾아준다. 이 모든 것들이 결국 내 시간을 벌어주고, 또 나의 에너지, 즉 피로도를 줄여줌으로써, 남은 내 시간을 더 효율적으로 사용하게 도와주는 기술인 것이다.

시간을 효율적으로 사용하기 위해서는 대가를 지급해야 한다. 나의 시간당 생산성을 높이기 위해 투자를 한다고 가정하면, 손실 가능성, 불안, 긴장 등의 대가를 지급해야 한다. 모든 것에는 대가가 따르는 법이다. 즉, 내 시간을 효율화하고, 생산성을 높이기 위해서는 대가, 즉 돈을 지급해야 하는 것이다.

자영업자 관점에서 보면 1인 식당에서는 혼자서 모든 것을 해 내야 하기 때문에 그 한계가 있는 것이 분명하다. 만일 한 명을 더 고용하여 둘이 일을 한다면 그 매출이 반드시 2배가 되는 것은 아니다. 1.5배가 될 수도 있고, 3배가 될 수도 있다. 그러나, 2배 이하가 될 수 있다는 걱정 때문에 도전하지 않는다면 1명의 시간이라는 한계는 벗어나지 못할 것이다.

이렇듯, 시간은 누구에게나 공평하게 주어지지만, 주변 환경을 만나면 가치는 달라진다. 또한 사용하는 방식에 따라서, 추구하는 방향에 따라 그 가치는 다시 달라지게 된다. 본인의 시간길은 고유한 것이다. 어떤 마음으로 어디로 걸어갈지, 그 걸어가는 속도를 어떻게 조절할지에 대해 한 번쯤 생각해 볼 가치가 있다.

04

움직이는 시간길, 그 위를 달리는 마차

시간은 눈에 보이지 않는다. 그러나, 우리는 분명히 인식한다. 그 인식을 명확하게 하기 위해 우리는 하루를 24시간으로 정의하고, 1년을 365시간으로 정의한다. 시간을 측정하기 위해 시계를 만들고, 모든 활동이나 약속을, 시간을 기준으로 정한다.

그러나, 정작 사람들의 인생이라고 하는 시간길은 과거, 현재, 미래로 보통 표현되는데, 정작 눈에 잘 보이지는 않는다. 그래서, 인생의 긴 시간길을 더 시각적으로 표현하기 위해 마차에 비유해 설명하고 싶다. 이를 통해 시간을 보다 시각화하는 것이 시간의 중요성을 인식하는데, 보탬이 되었으면 한다.

■ 길도 방향도 없지만, 일정한 속도로 늘 움직이는 시간

사람이 태어나 걸어가야 할 일생 동안 주어진 시간을 보내면서 남긴 것들을 시간길로 비유하고 싶다. 시간 자체는 광활한 광야와 같은 것이다. 특정한 길이 없다. 그런데 지나온 길은 남아 있지만, 앞으로 나아갈 길은 보이지 않는다.

그래서 어디로 가야 할지 알기 어렵다. 시간이라고 하는 것은 자원일 뿐이며, 길은 보이지 않는다. 방향성도 없다. 그런데 옆으로 누군가는 어디론가 길을 내면서 가고 있는 것이 시간길이다.

지구의 회전을 기준으로 시간을 정한 것이기 때문에, 시간은 나의 의지와 관계없이 모두에게 똑같은 속도로 움직인다. 그래서, 우리는 움직이는 시간 위에서 저마다의 고유한 시간길을 형성하면서 살아가는 것이다.

한번 지나간 시간은 다시는 되찾을 수 없다. 시간은 중단되지도 않는다. 항상 똑같은 속도로 지나가고, 늘 새로운 하루가 다가올 뿐이다. 그러나, 늦은 시간은 없다. 자고 일어나면 늘 새로운 하루이기 때문에, 모두에게 오늘이 늘 새로운 출발점이라고 생각해야 한다. 시간길을 걸어가는 속도가 다르기 때문에, 시간에 대한 깨달음이 속도를 빠르게 할 수도 있다. 그래서, 깨닫는 순간이 가장 빠른 시간인 것이다.

■ 시간길 만들면서 시간이라는 광야를 달리는 마차

시간길을 걸어가는 사람들은 말과 마차를 끌고 가고 있다. 맨 앞에서 마차를 끌고 가는 말에 방향을 제시하는 것은 마부이다. 속도를 조절하기도 한다. 마부는 가장 높은 곳에 있어서 멀리 볼 수 있고, 방향을 제시할 수 있는 것이다. 이것을 보통 미래에 대한 비전이라고들 표현한다. 비전은 방향이다. 어디로 갈지 어떤 가치를 추구할지, 그래서 그 가치를 구현하기 위해 사람들은 돈을 벌려고 하기도, 권력을 가지려고 하기도 한다.

맨 앞에서 힘들게 마부가 제시한 방향대로 마차를 끌고 가는 말은 '태도'에 해당할 수 있다. 우리가 살아가면서 모든 상황을 예측할 수 없듯이, 마차를 끌고 달리는 말도 항상 좋은 길만 달릴 수는 없다. 중간에 장애물이 있을 수도 있다. 마부는 묵묵히 방향과 속도를 조절할 뿐, 눈앞에 부닥치는 상황까지 예측할 수는 없는 것이다. 그런 예측할 수 없는 상황에 부딪힐 때, 대처하는 반응이 바로 '태도'인 것이다. 그래서, 사람들은 '태도'를 미래로 이끄는 엔진, 동력이라고 말하기도 한다.

마지막으로 마차가 있다. 이 마차는 맨 뒤에 위치하여, 무언가를 담을 수 있는 공간이 되기도 하고, 많이 담게 되면, 맨 앞의 말이 힘겨워 지치는 이유가 되기도 한다. 이 마차 안에 담을 수 있는 것은 미래에 대한 욕망이 될 수도 있고, 과거에 대한 기억이 될 수도 있다. 어떤 욕망과 기억을 담느냐에 따라 마차의 무게가 정해지고, 이것이 엔진 역할을 하는 말이 얼마나 오래 마차를 끌고 가느냐 하는 거리를 결정한다.

■ 저마다 다르게 형성되는 고유의 시간길

모든 사람은 마차를 끌고, 광활한 시간의 광야에서 길을 만들며 나아가고 있다. 그런데, 이 길은 생명이 시작되는 태아 시절부터 시작되기 때문에 출발점이 모두 다르다. 부모가 다르고, 서로 추구하는 바가 다르기 때문에 목적지도 다르며, 그 목적지에 다가가는 길도 모두 다르다. 그렇기에, 이 세상에서 같은 사람은 없는 것이다. 사람들 저마다 서로 다른 컬러를 가진 물감이 되는 것이다. 둘이 모여 한쪽 색이 될 수는 없다는 말이다. 둘이 모여 다른 고유의 색을 가진 만드는 것이 결혼과 자녀를 낳는 것으로 비유될 수 있을 것이다.

사람들은 모두 다 고유한 시간길을 형성하면서, 마차를 끌고 가고 있으며, 그 과정에서 서로 교차하기도 하며, 잠시 같은 길을 형성하면서 가기도 한다. 그러나, 모든 사람은 다르며, 언젠가는 헤어지게 되는 것이다. 그러나, 헤어지더라도 기억을 남기기 때문에, 마차에는 서로 다른 것을 담고 걸어간다.

"Lost wealth may be replaced by industry, lost knowledge by study, lost health by temperance or medicine, but lost time is gone forever."
"잃어버린 재산은 산업으로, 잃어버린 지식은 공부로, 잃어버린 건강은 절제나 약으로 회복할 수 있지만, 잃어버린 시간은 영원히 되찾을 수 없다."

—Samuel Smiles.

시간가치 극대화 기본 조건

어떻게 하면 시간당 생산성을 높일 수 있을까? 시간은 과거~현재~미래로 흐르며, 서로 연결된다. 현재의 시간을 걸어가는 자신을 가볍게 해야 하며, 시간길을 걸어감에 있어 관성과 타성에 의해 걸어가는 것을 경계해야 한다.

　① 소중하지 않은 순간은 없다는 확고한 인식
　② 길에서 만나는 모든 상황에 의미와 가치를 부여할 것
　③ 연결된 관성과 비교된 타성에 의문을 가질 것

　사람은 모든 상황을 선택할 수 없다. 어린 시절 힘이 없을 때는 부모가 가장 강력한 존재이기 때문에, 어떻게든 맞추어 살려고 노력했을 것이다.

　그러나, 점점 성장하면서 자아가 형성되고 부딪히기 시작한다. 이 과정에서 다툼이 발생하기도 하고, 엇나가기도 한다. 성인이 되어 자신의 시간길을 인식함에 있어 과거의 기억이 좋은 기억일 수도 있고, 피하고 싶은 기억일 수도 있다. 현재를 사는 사람은 과거

의 기억을 가지고 살 수밖에 없다.

과연 사람들은 어떤 기억을 가진 채 현재를 살고 있는 것일까? 현재의 시간길에 있는 사람을 가볍게 하는 방법은 무엇일까?

그것은 바로 과거를 직시하고, 재해석하는 것이다. 위에서 의미 없는 순간은 없다고 말한 바 있다. 의미를 발견하지 못할 뿐, 의미가 없는 것은 아니라는 믿음으로 현재 시점에서 과거의 기억을 재해석해 내고, 경험에서 교훈을 뽑아내는 것이 중요하다. 그래야만, 현재 길을 걸어가는 사람의 발걸음을 가볍게 할 수 있고, 걸어가는 속도를 늘릴 뿐만 아니라 방향성도 일치화된다.

"The past is a place of reference, not a place of residence; the past is a place of learning, not a place of living."
"과거는 참조의 장소이지 거주의 장소가 아니다; 과거는 배움의 장소이지 삶의 장소가 아니다."

—Rumi

성장하여, 학교이든 사회이든 가족과는 다른 사람과 살아갈 수밖에 없는 단계가 되면, 사람과 상황에 대한 선택권이 점점 더 줄어들게 된다. 특히 직장생활을 하기 시작하면, 시간을 회사에 판매한 것이기 때문에 선택권은 더욱 줄어들게 된다. 사람과 상황 그리고 일과 경험은 나의 의지가 아닌 타인의 선택에 의해 결정되는 경우가 많다는 말이다.

필자도 회사에서 부여한 미션을 달성하기 위해 25년을 넘게 회사 내부 사람, 고객, 파트너들과 함께 시간을 보냈다. 늘 좋은 기억, 경험이 있었겠는가? 늘 좋은 상사를, 고객을 만났겠는가?

지금의 나는 적어도 사람에 대해, 일에 대해 두려움은 없는 편이다. 그래서, 늘 새로운 일을 하고 있고, 내 것을 지키려 하기보다는 후배에게 물려주고, 새로운 분야에 도전한다. 국내 영업을 거쳐 해외 영업, 그리고 지금은 해외 자동차 업종을 맡아서 영업을 수행하고 있다.

팀장직을 수행하면서도 6번째로 담당 분야를 바꾸었고, 많은 팀장을 배출했으며, 아직까지는 매년 성공적으로 업무를 수행하고 있다. 이 과정에서 영어에 대한 두려움도 없어졌으며, 지금은 일본어를 공부하고 있다.

무엇이 이것을 가능하게 했는지 생각해 보면, 바로 시간가치에 대한 기본 철학이었던 것 같다. 필자는 회사도 내 시간길의 하나의 과정이라고 생각한다. 어차피 회사는 일한 만큼 보상을 해주지 않기 때문에, 급여에는 큰 관심이 없다. 다만, 회사는 월 급여 이외에 사람을 만날 수 있는 기회, 도전과 실험을 할 수 있는 기회, 이러한 과정에서 나 자신을 발전시키고, 성장할 수 있는 기회를 제공하기 때문에, 다른 학습효과를 얻는 것에 더 가치를 부여하는 편이다.

이러한 경험은 회사 밖에서는 가질 수 없는 것이기 때문에, 일이라고 생각하기보다는 나 자신의 시간길에 주어지는 기회라고 생각하는 편이 낫다. 왜냐하면, 모든 시간은 소중하고, 의미가 있으며, 배움이 없는 경험은 없기 때문이다. 성공과 실패가 중요한 것이 아니라, 그것을 통해 무엇을 배우는가 하는 것이 더욱 중요하다.

성공 안에 작은 실패들이 숨어있는 법이다. 그래서, 성공 체험을 한다는 것은 그 안에 숨겨진 실패들에 대한 교훈도 함께 배우는 것이기 때문에, 성공 체험이 중요하다고 늘 말하고는 한다. 필자가 늘 후배들에게 이야기한 사항들을 정리하면 다음과 같다.

♣ 모든 상황을 내가 선택할 수는 없다.

♣ 시간길에서 부딪히는 모든 상황은 의미가 있다.

♣ 배울 점이 없는 상황은 없다. 모든 것이 스승이다.

♣ 회사에서 배운 것은 나의 인생 시간길로 연결된다.

♣ 지금 배운 것은 언젠가 쓰일 때가 있다.

♣ 일과 성공보다는 배움에 처절해야 한다.

♣ 배우고, 정리하고, 전파하면, 온전히 내 것이 된다.

♣ 늘 호기심을 가지고, 모든 것을 단순화하는 습관을 지닐 것

"The important thing is not to stop questioning. Curiosity has its own reason for existing."

"중요한 것은 질문을 멈추지 않는 것이다. 호기심은 존재하는 이유가 있다."

—Albert Einstein

상황 자체가 중요한 것이 아니다. 문제는 그 상황을 어떻게 해석하고 의미를 부여할 것인가 하는 약간 철학적인 접근이 필요하다. 이러한 접근이 나를 강하게, 단단하게 만들며, 그 어떤 상황에서 여유를 가져다줄 것이라고 믿는다.

사회에는 선생님이 없다. 스스로 배우고, 깨닫고, 의미와 가치를 부여하고, 어렵고 힘들었던 과거를 현재 기준으로 재해석하고, 방향을 설정하는 것이 중요하다고 생각한다.

2차 대전 당시 유대인 포로수용소에서 한 교수가 강제노역에 시달리는 사람들이 살아가는 과정을 연구한 내용을 적었다. 어떤 사람은 자살하고, 어떤 사람은 견뎌내는지에 대한 차이를 연구한 것이다. 그것은 바로 포로수용소에서 살아가는 것은 피할 수 없지만, 그 시간 동안의 의미를 찾느냐 못 찾느냐였다고 한다.

모든 시간과 상황에 대해 사람들이 부여하는 의미와 가치는 다

르다. 벗어나고 싶은 상황에 놓인 사람들을 3가지로 나누어 본다.

① 그 상황을 회피하고, 잊으려는 사람: 불평, 불만, 우울증으로 연결된다.
② 이유가 있을 것이라 위로하면서, 묵묵히 기다리는 사람: 누군가 해결해 줄 것이고, 신이 부여한 시간이라 믿는다.
③ 의미가 있다고 믿고, 그 의미를 찾으려고 노력하는 사람: 지금 시간이 미래를 위한 밑거름이 될 수 있다고 믿는다.

내 현재의 시간에 어떤 의미를 부여할 것인가? 현재의 시간 의미가 방향을 결정하고, 미래의 시간을 결정한다. 피할 것인가? 묵묵히 기다릴 것인가? 그 의미를 찾아 나만의 고유한 시간으로 되돌릴 것인가?

지금 처한 모두의 상황은 기본적으로 자신이 선택한 것이다. 최선의 선택일 수도 있고, 차선책이 될 수도 있다. 아마도 대부분 차선으로 선택한 것일 가능성이 높다. 모든 것을 알고 결정할 수 없으며, 모든 사람이 최선의 선택을 추구하기 때문에, 모두가 최선을 선택할 수는 없기 때문이다.

그런 면에서, 직장생활을 하는 사람의 대다수는 자신이 원하지 않는 곳에서 시간을 보내고 있을 가능성이 높다. 그래서, 직장에서 보내는 시간이 마냥 즐겁지는 않을 것이다. 그럼에도 불구하고, 그 시간의 의미를 정의하고, 가치를 발견해야 한다. 다시 돌아오지 않는 시간이다.

필자도 상황이 좋지 않아, 아내가 사는 집에 들어가서 신혼생활을 시작했었다. 어떻게 살아갈지 답을 구하기 쉽지 않았고, 닥치는 대로 공부도 했던 기억이 있다. 그러다가 아무리 해도 버겁다고 생각했고, 의문이 들기 시작했다.

세상은 공평한 것이 있을까? 그러다가 읽었던 책 내용 중 시간에 관한 내용이 생각났고, 모두에게 공평한 것이 하루가 24시간 1년이 365일이라는 시간의 절대량이라는 사실을 깨닫게 되었다.

그 후 시간에 대해 정의를 하기 시작했고, 그 시간을 중심으로 나의 모든 주변을 재해석하기 시작했다. 모든 사람에게 똑같이 주어진 시간을 내가 더 효율적으로 더 많이 쓸 수 있다면, 무슨 일이 벌어질까? 이런 방법이 있고, 반복해서 습관화한다면, 5년 후, 10년 후 무슨 일이 생길까? 나는 어떻게 바뀌고, 내가 가진 것도 어떻게 바뀌어 있을까?

시간을 쪼개서 효율화를 추진하기도 하고, 다른 사람들과 시간을 합쳐서 보낼 때는 누구와 어디에서 어떻게 보내는 게 효율적일까, 하는 생각을 해보았다. 결국 내가 결정한 것은 남들보다 아침 시간을 1시간 더 살자는 것이었고, 그것은 많은 변화를 일으켰고, 대단하지는 않지만, 현재의 나를 만들었다. 20년 넘게, 똑같은 시간에 하루를 시작하고, 매일 혼자만의 시간을 1시간 이상 가진다.

시간은 금고에 가둬둘 수 있는 돈이 아니다. 투자자산이다. 당신이 어떻게 투자하느냐에 따라 금이 될 수도 있고, 잃어버린 것에 후회만 남길 수도 있고, 다른 사람의 금을 만들어 주는 데 이용될 수도 있다. 전적으로 당신이 하기에 달렸다. 자신만의 시간이지만, 지키는 데 힘을 쏟지 말고, 적극적으로 투자해야 한다.

06

행복한 순간, 불행한 순간

행복한 순간과 불행한 순간은 사람들의 기억에서 다르게 자리 잡고 있다고 한다. 감정 강화 효과(Emotion-Enhanced Memory)에 따르면 부정적 감정이 긍정적 감정보다 강한 감정적 경험을 주기 때문에 더 생생하고 오래 지속되게 한다고 한다. 행복한 순간과 불행한 순간 모두 강한 감정을 동반하기 때문에 기억에 더 잘 남게 되지만, 사람들은 부정적 기억에 더 강하게 반응하는 것이다. 감정적으로 중요한 사건은 Flashbulb Memory에 남아, 매우 상세하고 생생하게 기억된다고 한다.

부정적인 감정은 코티솔과 같은 스트레스 호르몬의 분비를 증가시킨다. 이러한 호르몬은 해마(기억을 담당하는 뇌 부분)에 영향을 미쳐, 부정적인 경험을 더 오래 기억하게 만든다. 반대로, 도파민과 같은 행복 호르몬은 긍정적인 기억을 강화하지만, 스트레스 호르몬만큼 지속적이지 않는다고 한다.

부정성 편향(Negativity Bias)은 사람들이 부정적인 정보나 경험에 더 주의를 기울이는 경향을 말하는데, 이는 생존에 중요한 부정적인 사건에 더 민감하게 반응하도록 진화한 결과일 수 있다. 사람들은 종종 부정적인 경험을 더 자주 떠올리며, 이는 부정적인 기억을 강화하는 데 기여하고, 사람들이 긍정적인 경험보다 부정적인 경험을 다른 사람들과 공유하며, 기억이 왜곡되기도 하고, 강화되기도 한다. 반대로, 긍정적인 경험은 덜 공유되거나 재구성될 수 있어, 상대적으로 덜 생생하게 기억된다고 한다.

이와 같이, 행복한 순간과 불행한 순간에 대한 기억의 차이는 감정의 강도, 생리적 반응, 인지적 편향, 사회적 및 문화적 요인 등 다양한 요인이 작용한 결과이다. 이러한 경향을 극복하기 위해 인지행동 치료, 노출 요법 등의 다양한 치료법이 적용되고 있다.

한 가지 인상적인 치료법인 마인드풀니스(Mindfulness)는 현재 순간에 집중하고 이를 있는 그대로 받아들이는 명상 기술이다. 규칙적인 명상 실천을 통해 현재 순간에 집중하고 부정적인 감정을 수용하는 것이다. 몸 안에 있는 암세포도 나의 일부분으로 받아들이는 것처럼, 부정적인 기억도 나의 일부분으로 받아들이고, 현재 시점 기준으로 다르게 해석해 내는 것이 중요하다.

가족, 친구, 동료 등 주변 사람들과의 긍정적인 관계는 감정적 지원을 받는 것도 중요하지만, 혼자만의 시간을 통해 결국은 스스로 극복해야 하는 영역이라고 생각한다.

필자도 25년 이상 직장생활을 하면서 불행한 순간과 행복한 순간이 있었다. 통상적으로 평균 3년을 같은 팀장과 생활한다고 보면, 직장생활에서 가장 좋은 리더를 만나는 시간은 3년에 불과하다. 이렇게 보면 좋은 리더를 만나는 시간은 3년, 나머지 기간은 나쁜 리더를 만났다고 이해하면 된다. 그런데, 매 순간은 소중하다는 관점, 불행한 순간이 더 기억에 오래 남는다는 관점에서 보면 어떤 순간에 더 많이 배웠을까, 하는 생각이 든다.

배움의 관점에서 보면, 어떤 리더가 좋은 리더일까? 좋은 리더의 기준이 무엇인지 생각해 본 적이 있는가? 이타적인 리더, 착한 리더, 나에게만 잘 대해주는 리더? 필자는 배울 점이 많은 리더가 좋은 리더라고 생각한다.

돈을 위해 일하는 것이 아니라, 배움을 위해 일하는 것이다. 그래야, 급여와 가치의 간극을 메울 수 있다.

사실 정확한 기준은 없다. 저마다 생각하는 기준이 다를 것이다. 나를 가장 힘들게 했던 리더를 만난 기간은 4년이었던 것 같다. 팀장을 막 달았을 때 만난 리더였다. 그 4년은 지금도 기억이 생생하다. 일종의 조울증에 걸린 사람처럼 실적이 좋으면 기분이 좋았다가, 실적이 좋지 않으면 바로 엄청난 화를 내는 사람이었다. 이 기간을 나는 어떻게 버텼을까?

"내 인생길에서 만나야 하는 사람들을 내가 선택할 수는 없다. 좋은 사람도, 나쁜 사람도 한번은 만날 수밖에 없다. 이 사람과 생활하면서 남긴 기억의 흔적이 좋은 기억일지, 나쁜 기억일지 모른다. 하지만, 분명히 지나가는 사람, 한번은 만나야 하는 부류의 사람일 것이다. 지나가는 사람에 매달려, 내가 힘들어할 필요는 없다. 나는 길고 긴 시간길을 걸어가야 하기 때문이다. 내 인생길에서 만난 지금 이 사람도 분명히 나름대로 이유와 의미가 있을 것이다. 나는 그것을 찾아서, 그 부분에 집중하면 된다. 모든 것은 이유가 있을 것이고, 숨겨진 의미가 있을 것이다."

이런 생각들이 나 자신을 버티게 했던 것 같다.

필자가 그 사람으로부터 무엇을 배웠는지, 그 사람을 만난 이유와 그 기간이 내 시간길에서 가지는 의미가 무엇인지는 정확히 잘 모른다. 그러나, 수많은 만나야 할 사람 중 한 명을 만난 것. 일종의 숙제와 경험을 한 것이고, 비슷한 사람을 다시 만난다면, 적어도 그때보다는 더 여유롭지 않겠는가?

사람은 각자 고유한 시간길에서 누군가의 시간에 잠시 머물기도 하고, 다른 사람이 나의 시간길에 머물기도 한다. 그저 스쳐 지나가기도 하지만, 그 어떤 기억으로든 반드시 머문다.

필자는 부하직원의 시간길에서 그 머무는 방법으로 '배움'이라는 거창한 용어를 선택했다. 필자와 생활하고, 헤어진 후 5년 뒤 '그때 그 팀장으로부터 많이 배웠다'라는 소리를 듣고 싶다고 부하직원에게 지금도 말하고는 한다.

당신은 그 누군가에게 어떤 기억으로 머물 것인가? 필자가 생각한 것은 '배울 점이 있는 사람이 되자'였다. 길고 긴 시간길에서 만나는 수많은 사람, 수많은 순간 들에서 나는 상대방에게 어떤 기억으로 남을 것이고, 나는 상대방과의 만남에서 어떤 기억을 남길 것인가?

♣ 나의 시간길에서 만난 이 사람은 거부할 수 없다.
♣ 이 사람으로부터 무엇인가 배울 점이 있다.
♣ 길고 긴 시간길에서 이 사람을 만난 이유와 의미가 있다.
♣ 이 사람은 지나가는 사람이지만, 남길 기억을 정해야 한다.
♣ 나 또한 누군가의 시간길에서 지나가는 사람이다.
♣ 나도 누군가의 시간길에서 그 어떤 기억의 흔적을 남긴다.
♣ 모든 순간은 소중하고, 누군가에게 그 어떤 의미를 남긴다.

당신의 시간길에서 만난 누군가로부터 무엇을 배울 것인가? 당신은 누군가의 시간길에서 그에게 어떤 기억을 남길 것인가?

나는 97년 말에 회사 생활을 시작했고, 2012년부터 팀장으로 근무하여 지금은 해외영업팀장을 하고 있다. 얼마나 많은 사람을 만났겠는가? 팀장 생활을 하면서 8명 이상의 임원이 지나갔고, 수많은 팀원, 고객, 파트너, 관련 부서 등 실로 헤아릴 수 없는 사람을 만났다.

몇천 명의 연락처가 저장되어 있다. 누군가는 나의 기억에 머무르고 있고, 누군가는 잊힐 것이다. 아마도 서로의 시간길에서 서로 교차하면서 지나가기도 하고, 머물러 있기도 할 것이다. 내가 회사 생활을 하지 않았다면, 대부분 만날 일이 없었을 것이다. 그래서, 이들을 만난 것은 고마운 일이며, 각자의 시간길에 어떤 의미와 기억을 남기게 된다. 좋은 기억, 나쁜 기억이라기보다는 누군가에게 어떤 의미를 남긴다는 점을 명심해야 한다.

나는 모든 사람에게 다가갈 수 없다. 그러니, 나에게 다가오는 사람에게 최선을 다해야 한다. 이것이 필자의 카톡 프로필 문구이다. 다가오는 사람에게 최선을 다하고, 그의 시간길에 남길 기억의 흔적을 항상 생각하고 행동하기를 권장한다. 당신의 생각이 불행한 순간으로부터 훌륭한 교훈을, 금을 발견할 수도 있다. 자신만의 시간을 빼앗긴 것이 아니라, 그 금을 발견하지 못할 뿐이다.

"And once the storm is over, you won't remember how you made it through, how you managed to survive. You won't even be sure whether the storm is really over. But one thing is certain. When you come out of the storm, you won't be the same person who walked in. That's what this storm's all about."

"폭풍이 지나간 후, 당신은 어떻게 이겨냈는지, 어떻게 살아남았는지 기억하지 못할 것이다. 당신은 그 폭풍이 정말 끝났는지조차 확신할 수 없을 것이다. 하지만 한 가지는 확실하다. 당신이 폭풍을 뚫고 나왔을 때, 당신은 폭풍 속으로 걸어 들어간 사람과 같지 않을 것이다. 그것이 이 폭풍의 본질이다."

—Haruki Murakami

07

시간을 투자하는가, 돈을 투자하는가?

모든 직장인은 회사와 하루 8시간을 계약하고, 급여를 받는다. 회사는 돈을 투자하고, 종업원은 시간을 투자하는 것이다. 회사는 종업원의 시간에 같은 가격을 책정한다. 좋은 거래인가?

필자의 실제 경험담을 적어보고자 한다.

현 직장은 세 번째 직장이며, 최종 면접을 볼 때의 이야기이다. 2006년 현 직장으로부터 이직 제의를 받은 상황이었다. 이직 제의를 받은 이유는 필자의 고객이 이직을 권유했다는 측면도 있었겠지만, 필자로 인해 현 직장이 수주할 물량을 빼앗기고 있으니, 데리고 와야 한다는 논란이 내부적으로 있었다고 한다. 뒤에 들은 이야기이다. 지사가 아닌 본사 사업/영업 본사 총괄팀 경력 사원으로 배치될 것이라는 사전 정보를 받고 최종 면접을 보는 자리였다.

그 자리에는 본부장급 임원이 3명 참석해 있었다. 그중 한 임원이 이런 질문을 한다. 면접 자리에서 첫 질문이었던 것 같다.

"한 달에 마케팅비(접대비)로 얼마나 사용합니까?"

"정확한 숫자는 아니지만, 한 달에 180~200만 원 수준인 것 같습니다. 왜냐하면, 제가 본사와 수도권지역 주요 센터 4개를 담당하기 때문에, 커버해야 할 고객이 많기 때문입니다."

이 말을 듣고, 뜻밖의 질문을 받는다. 필자는 비용을 많이 쓴다는 인상을 심어줄까 봐 걱정했었는데, 반응은 정반대였다.

"이 자리는 최종 면접 자리입니다. 솔직하게 말씀하셔야 합니다. 자신이 알기로 이전 회사는 마케팅비를 공격적으로 집행한다는 보고를 많이 받았고, 실제로 내가 만난 고객사 임원도 같은 이야기를 합니다. 솔직하게 말해도 괜찮습니다"

약간 당황했지만, 조금 어이가 없었다.

"현재 회사 임원들께서 한 달에 얼마를 썼는지 저로서는 잘 모릅니다. 어떤 임원은 마케팅비를 많이 지출해서 회사에서도 관리를 하고 있다는 말을 들은 적은 있습니다. 그러나, 질문은 저의 지출 규모였고, 그 금액은 말씀드린 대로 180~200만 원 수준이 맞습니다."

그 상황은 쉽게 끝나지 않았다. 다른 임원까지 가세하여 구체적인 사례를 들어 필자의 발언에 반박을 하기 시작했다.

"본사와 수도권까지 담당하면서 그 정도 금액으로 영업했다는 것을 믿을 수가 없습니다. 상식적이지 않습니다. 대충 보고 받아 알고 있으니, 직접 이야기를 한번 듣고 싶을 뿐입니다."

"제 마케팅 방식은 고객을 자주 만나자는 것이었습니다. 자주 만나 비싼 음식을 먹으면, 비용 감당이 안 됩니다. 그래서, 포장마차나 선술집 같은 곳에서 저녁을 주로 먹고, 당구를 치고 생맥주 한잔 먹는 식의 가벼운 만남을 자주 가졌습니다. 이런 만남에는 큰돈이 필요 없습니다."

이후 질문은 계속되어, 20분 이상 이 질문을 이어갔던 것으로 기억한다. 이것이 면접 자리가 맞는지 의심도 들었다. 더 이상 이 자리가 의미가 없다고 생각했다.

"제가 이 회사에 오려고 하는 이유는 회사가 성장하기 때문입니다. 성장하는 회사에서 근무하는 것은 매우 가치 있는 일이라고 생각했습니다. 그런데, 회사가 마케팅비 등 비용 관련해서 계속 해서 질문을 하니, 약간 의구심이 듭니다. 회사는 직원에게 1년 치 연봉을 주지만, 제 나이 30대의 1년은 인생 시간 기준으로 3년의 가치가 있는 시간대입니다. 회사는 돈을 투자하지만, 저는 인생을 투자합니다. 이 자리에서 과연 이 회사가 내 인생을 투자할 만한 가치가 있는지, 의구심이 생깁니다."

이 말에 직급이 가장 높아 보이는 임원이 같은 질문 그만하라고 하면서 질문이 바뀌었고, 이후 10분 만에 면접은 끝났다. 물론 합격해서 현 직장을 아직도 다니고는 있지만, 위 과정은 곰곰이 생각해 봐야 할 대목이다.

회사는 1년 치 연봉을 주지만, 사실은 다른 기회도 많이 준다. 각종 시스템, 교육 등에 투자를 하고, 다양한 기회를 준다. 다른 한편으로, 고용된 개인은 인생에서 가장 중요한 30년을 회사에서 보낸다. 30살까지는 부모의 우산 아래에 살았다면, 이후 회사에서 보내는 30년 동안 자신의 우산도 만들어야 하고, 누군가의 우산이 되어 주기도 해야 한다.

회사는 내가 컨트롤할 수 없다. 컨트롤하려고 하지 말고 나의 시간길에서 회사가 갖는 의미를 찾고, 그 의미를 추구하는 것이 낫다. 그래서, 중요한 개념이 하루 8시간을 회사에 판매한 것이 아니라, 8시간을 투자한 것이고, 투자에 대한 수익으로 급여 이외에 그 다른 무엇을 추구해야 한다는 것이다. 필자는 그것을 '배움'이라고 정의하고, 지금도 회사와 연관된 모든 순간에 배움을 찾으려고 노력하고 있다.

팀장 생활을 하면서 신입사원 중 한 명이, 필자의 팀으로 배치받아 9년을 함께 생활한 적이 있다. 그 친구는 다른 영업팀으로 이동했다가 지금은 결혼해서 미국에서 전업 주부로 생활하고 있다. 그 친구가 다른 경험을 하고 싶다며 부서를 옮기고 싶다고 했고, 부서 이동 승을 받은 다음 송별 미팅을 하는 자리였다.

"신입사원으로 입사한 후 무려 9년을 팀장님과 보냈습니다. 주변에 물어보니 입사 후 3년이 가장 중요하고, 좋은 팀장을 만나는 것이 중요하다고 합니다. 저는 무려 9년을 보냈고, 정말 많이 배웠습니다. 그동안 부족한 저를 이끌어 주신 데 대해 진심으로 감사 인사를 올립니다."

필자는 이 말에 이렇게 답변했고, 사람들은 눈시울을 붉혔다.

"직장생활에서 가장 가치가 높고, 중요한 시기가 입사 후 10년이라고 생각합니다. 그 가장 중요한 당신의 2~30대 시간을 나에게 맡겨주었는데, 부족한 내가 진정으로 도움이 되었는지 잘 모르겠습니다. 다른 사람을 만났더라면 더 배우고 더 많이 성장할 수 있었을 수도 있는 일입니다. 당신의 가장 중요한 시간대에 함께할 수 있어서 즐거웠고, 당신의 인생을 나에게 투자해 줘서 감사합니다."

대한민국의 모든 리더가 한 번쯤 생각해 봐야 할 내용이다. 같은 상황에 놓인다면 어떻게 답변하겠는가?

제2장

시간을 사고, 파는 사람들

―기회비용보다 더 중요한 시간비용

시간 확보 전쟁

'Time is Money'라는 말은 시간관리만 말하는 것이 아니다. 시간은 곧 노동력을 의미하고, 많은 사람을 고용하는 것을 의미하기도 한다. 시간이 곧 노동력이기 때문에, 많은 사람을 고용해서 그들의 시간을 사는 것도 돈으로 연결된다는 것이다.

모든 것이 시간을 확보하고, 시간당 생산성을 증대하기 위한 전쟁이다. 회사는 종업원의 시간을 관리하여 더 많은 일을 하도록 관리 감독하며, 시스템 등을 투자해서 업무처리 시간을 단축함으로써 남는 시간에 다른 일을 하도록 유도한다.

반대로 개인은 자신이 할 수 있음에도 불구하고, 역량이 안된다고 회피하거나, 실력을 배양해서 일을 빨리 끝낸 다음 여유시간을 가지려고 한다. 물론 개인차가 있겠지만, 시간을 두고 회사에서도 작은 전쟁을 매일 치르는 것이다.

♣ 국가 간 전쟁을 일으켜, 땅과 인구를 확보하려는 것
♣ 출산 장려를 통해 인구를 늘리거나, 이민자를 받아들이는 것
♣ 돈을 벌어 외식하고, 각종 서비스를 구매한 것

♣ 권력을 얻어 더 많은 부하직원을 두려고 하는 것
♣ 매출 성장과 신사업 추진을 위해서 종업원 수를 늘리는 것
♣ 좋은 서비스를 만들어 사람들이 여유시간을 차지하려는 것

회사의 궁극적인 목적이 종업원의 수를 늘려, 양질의 시간을 더 많이 확보하는 것이다. 그러나, 한번 확보된 시간은 고정비용으로 자리 잡기 때문에 정말로 신중할 수밖에 없다. 매출을 지속해 늘리는 것도 어렵지만, 상대적으로 고정비를 줄이는 것은 더 어렵기 때문이다.

성장을 멈추면, 고정비를 줄여야 하는데, 그렇게 되면 기업이미지와 주가에 악영향을 미치기 때문에 쉬운 일이 아니다. 특히 한국기업에서는 구조조정을 한다는 것은 정말 어려운 일이다.

기업 측에서 보면, 시간 관점에서는 늘 선행 투자를 한다. 신사업 등 새로운 도전을 위해서는 종업원을 먼저 고용해서 그들의 시간을 통해 제품을 만들고, 판매를 해야 하기 때문이다. 그런데 고용한 이후에 매출이 늘지 않으면, 회사의 수익구조는 악화할 수밖에 없는 것이다. 악순환이다.

식민지를 확보하는 것은 물적 자원을 확보하는 측면이 있지만, 그 자원에는 노동력, 즉 시간도 있다. 대표적인 예가 노예제도이다. 적은 비용을 들여서 그들의 시간을 고용하고, 그 시간 동안 많은 이익을 창출하는 대표적인 것이 노예제도인 것이다.

고대에는 출산을 많이 하는 것이 곧 '부'를 상징했듯이 인구수는 곧 경제력을 상징한다. 지금 시대도 마찬가지다. 회사의 종업원 수는 곧 매출 규모를 상징하고, 국가의 인구는 내수시장을 의미하는 것도 있지만, 경제활동 인구 즉 경제활동에 참여하는 인구의 총시간을 의미한다. 그만큼 시간은 중요한 자산인 것이다.

많은 기업이 중국, 인도 등 인건비가 낮은 국가로 진출하는 것도 시간을 확보하기 위함이다. 제조 공정을 고도화하여 업무를 단순화한 다음, 인건비가 낮은 노동자의 시간을 확보하기 위함이다. 노동자에게는 그 국가 평균임금을 약간 상회하는 정도의 보수를 지급한다. 결국 저 임금 노동자의 많은 양의 시간을 확보하기 용이하기 때문에, 대부분의 글로벌 기업은 해외에 공장을 세우려고 노력하는 것이다.

시간의 양 자체는 크게 의미가 없다. 일종의 원석이다. 이 원석을 가공해서 금을 만들 수도 있고, 아무것도 가공하지 못한 채 낭비될 수도 있다. 회사가 성장하지 못하면 직원들에게 월급을 지급하지 못하듯이 시간에 대한 가치가 사라지게 되는 것이다.

이렇듯이 시간 자체는 자원으로서의 가치는 있지만 특정 방향으로 이 시간을 이끌지 못하면, 오히려 독이 되는 것이 현실이다. 국가도, 기업도, 개인도 마찬가지다.

다른 한편으로, 사람들의 여유시간을 빼앗는 전쟁이 한창이다. 특히 스마트폰이 나오기 시작한 후 시간을 빼앗는 전쟁은 물리적인 국경과는 관계없는 전쟁이 본격화되었다. 게임, 금융 등 각종 서비스가 국경과 관계없이 스마트폰이나 어플 제조사를 통해 손쉽게 국경을 초월한다. 우리가 흔히 사용하는 SNS, 유튜브, 넷플릭스 같은 서비스가 대표적인 예다. 오프라인 매장은 사라지고 스마트폰으로 아주 쉽게 수입과 수출을 할 수 있는 시대, 즉 국가 간 경계가 허물어진 시대를 우리는 살고 있다.

이렇듯, 시간 확보 전쟁은 시간의 절대량을 늘리기 위한 전쟁일 뿐만 아니라, 개인의 여유시간을 뺏고, 빼앗기는 전쟁으로 확대되었다.

우리가 이러한 모든 상황에 부딪히면서 시간길을 걸어가고 있다.

내가 원하든, 원치 않든 거부할 수 없는 상황들이다.

이러한 상황들에 대해 나은 어떻게 반응해야 하는가? 스마트폰 등장 이후로 자신도 모르게 시간을 빼앗기는 경우가 허다하다. 그렇지만, 자신만의 시간은 스스로 컨트롤해야 한다. 자신의 시간길을 걸어가는 과정에서 수많은 유혹이 도사리고 있지만, 모든 것이 자신이 정한 목적지를 향해 도움이 되는 방향으로 작용하도록 설정되어야 한다. 스마트폰은 자신이 원하는 목적에 부합하도록 사용되어야 하며, 수많은 어플의 유혹에 넘어가는 것을 경계해야 한다. 너무나도 유혹이 많은 세상이며, 지나치게 실시간으로 알려주고, 추천한다.

나중에 자세하게 언급하겠지만, 이러한 모든 장치들을 자신만의 능동적 시스템을 구축하는 용도로 전환할 필요가 있다. 자신이 원하는 정보를 설정하고, 알람을 받는 형태. 유혹에 반응하기보다는 원하는 정보와 알림을, 스마트폰을 통해 알람을 받는 형태로 전환하는 패턴이 중요하다.

이렇듯, 고대 사회나 현대 사회나 동일하게 시간은 부를 상징한다. 한 가지 달라진 점은 도로가 뚫리고, 다리가 건설되고, 굳이 만나지 않아도 소통할 수 있고, 거래할 수 있는 시대가 현대 사회다. 기술과 경제가 발전해서 개인당 노동 시간은 줄어드는 추세에서 종업원들은 상대적인 여유가 많아지고 있다. 또한 비대면 근무나 회의, 재택근무 등으로 인해 이동시간이 줄어들어 여유는 좀 더 늘어나는 경향이 있다.

시간을 효율적으로 사용했으면, 그 효율화된 시간은 무엇인가 다른 가치를 가져야 하는데, 솔직히 그 줄어든 시간을 활용해서 어떤 가치를 만들어 내는지는 잘 모르겠다. 게임을 하고, 다른 사람은 육아를 하고, 책을 읽는 등 저마다 사용하는 방식이 다를 것으로 생각된다. 그러한 시간 사용 방식을 평가하기보다는 시간의 중요성은 인식해서 사용했으면 하는 바람이다.

사람들은 항상 무언가를 한다. 출근길에 게임을 하고, 뉴스를 검색하고, SNS를 할 수 있게 한다. 예전에는 주변을 관찰하고, 대화를 하고, 책을 보고, 신문을 보던 시간을 스마트폰이 뺏은 것이다.

사람들을 편리하게도 하지만, 사실 알고 보면 사람들의 돈과 시간을 빼앗는 것일 수 있다. 돈을 지급하면서, 자신의 시간마저 빼앗기는 것일 수 있다. 부자들과 가난한 사람의 스마트폰 사용 방식은 다르다. 부자들은 자신의 시간을 효율화하여 시간을 확보하기 위해 사용한다. 반면, 가난한 사람들은 대가를 지급하고도 자신의 시간을 소비하기 위해 사용한다. 시간은 투자하는 것이지, 소비하는 것이 아니다. 소비를 해서 휴식을 취하고, 재충전하려거든 그 자체에 목적성을 부여하고 그 시간을 충분히 즐겨라. 그러나, 목적성이 불분명하고 비는 시간에 습관적으로 쉬는 것은 투자가 아니다. 소비이다.

나를 자극하는 그 무언가에 나는 어떻게 반응하는가? 누가 나의 시간과 돈을 잡아먹는가? 나 자신이 선택한 것인가, 선택당한 것인가?

02

기회비용보다 중요한 시간비용

기회비용은 너무나 익숙하지만, 시간비용이 더욱 중요하다. 경제학 관점에서 기회비용은 어떤 선택을 할 때 그 선택으로 인해 포기하게 되는 다른 선택의 가치를 의미한다. 즉 특정 자원을 한가지 용도로 사용할 때, 그 자원을 다른 용도로 사용했을 경우, 얻을 수 있었던 최대 이익을 의미하는 것이다.

반면 시간비용은 어떤 선택을 할 때, 그 선택으로 소모되는 다른 시간의 가치를 의미한다. 예를 들어, 주말에 골프를 치고 오는데 6시간이 걸려서 즐거움이라는 가치를 얻었다면, 6시간 동안 무언가 학습을 했다면 얻었을 지식의 가치는 잃어버린 것이다. 시간 자체가 자원이 기회인 것이다.

위에서 말한 특정 자원은 대개 눈에 보이는 실물 자원을 말하는 경우가 많은데, 이 자원 중에서도 가장 중요한 것이 필자는 '시간'이라고 본다. 그래서 필자는 시간비용을 아래와 같이 정의해 보고자 한다. 사실 기회비용에는 경제적인 돈의 양만 강조되지, 그 돈을 만드는 데 걸리는 시간은 숨어있는 개념이다. 정확하게 말하면, 돈의 절대량이 아닌 시간당 양을 따져야 하는 것이다. 그래서, 비교의 대상은 다음과 같이 표현할 수 있다.

♣ 기회비용보다 확장된 '시간당 기회비용'
　　─지금 선택의 시간당 가치와 포기되는 선택의 시간당 가치
♣ 시간비용
　　─지금 선택으로 인한 소모되는 시간과 그 시간 동안 다른 것
　　　을 했을 때 얻었을 가치

　우리는 시간길을 걸어가면서, 유일하게 가질 수 있는 시간은 바로 현재의 시간이다. 그러나, 그 현재의 시간은 바로 과거로 바뀌기 때문에, 그 어떤 선택을 함에 있어, 자기 생각과 이룰 가치를 근거로 판단하기는 쉽지 않다. 그래서, 대부분 과거의 관성에 의해 연결되며, 다른 사람의 선택에 의해 동조화되는 경향이 있다. 그러나, 현재의 시간의 선택은 과거로 바뀌는 동시에 또 다른 관성을 형성하여 미래로 연결된다는 점을 명심해야 한다.

"The present moment is the only moment available to us, and it is the door to all moments."
"현재의 순간은 우리에게 유일하게 주어진 순간이며, 모든 순간으로 가는 문이다."

　　　　　　　　　　　　　　　　　　　　　　　　　─Marcus Aurelius

　과거의 선택으로 인한 관성으로 선택하는 것은 잘못된 선택의 연속일 가능성이 있다. 적어도 자신의 시간길에서 선택한다는 것은 미래의 시간길과 방향이 맞는지 항상 생각하고 판단해야 한다. 똑바로 가려면, 멀리 봐야 한다. 아주 멀리 희미하게 보이는 등대를

바라보고 나아가기는 힘겨운 여정일 수 있다. 그래서 등대와 나의 위치를 일치하는지 선을 그어보고, 그 선에 일치하는 가까운 지점 하나를 찍고 가는 것이다. 중간 목표다.

멀리 보이는 등대가 비전이나 꿈에 비유된다면, 그 지점을 가기 위해 가상으로 그어진 가까운 지점이 바로 가까운 미래다. 이것이 목표다. 그래서 사람들은 1달, 1년, 3년, 5년 이런 목표를 세우는 것이다. 그래서, 우리는 나의 시간길에 서 있는 현재의 지점이 과거에 걸어온 길과 앞으로 나아갈 길의 방향성이 일치하는지를 항상 점검하는 습관을 들여야 한다.

아인슈타인이 말한 성공의 3법칙 중 침묵의 시간(Silence)을 주기적으로 가질 것을 추천한다. 이 시간을 통해 과거에 걸어온 시간길과 지금의 위치, 나아갈 미래(등대), 그리고 가까운 미래(목표)와 방향을 점검하는 시간을 가져야 한다.

필자도 매일 아침 1시간 일찍 출근하는 습관을 지니고 있고, 책을 읽기도 하고, 생각을 하기도 한다. 이러한 시간은 소비가 아닌 미래 시간의 방향성을 잡기 위한 투자다.

또한, 다른 사람의 선택에 의해 나의 선택이 동조화되는 것을 경계해야 한다. 모든 사람의 시간길은 절대로 같을 수가 없다. 이는 과거 걸어온 시간길이 다르고, 유전과 환경이 다르기 때문에 바라보는 목적지도 다르다. 다른 사람의 선택에 동조화되는 것은 극단적으로 표현하면 자신의 시간을 포기하는 것과 같다. 누구도 자신의 시간길을 대신 걸어주지 않는다. 오로지 자기 자신만 그 길을 알고 있다.

회사 생활을 할 때, 시간을 판매하고 대가를 받으니, 자신의 시간이 아닌 듯한 느낌도 들 수 있다. 그러나 회사도 자신의 시간길에서 마주하는 그 무엇일 뿐이지, 시간을 판매했다고 해서 자신의 시간이 아닌 것이 아니다.

엄밀히 따지면, 나는 회사와 시간을 계약한 것이 아니라, 내가 시간당 일정 성과를 내기로 하고 계약을 한 것이다. 성과를 빨리 내고 나만의 시간과 학습을 할 수 있다면 어떻게 되겠는가? 모든 시간은 자신의 것이다.

"Two roads diverged in a wood, and I— I took the one less traveled by, And that has made all the difference."
"숲속에서 두 갈래 길이 나뉘었고, 나는 덜 다닌 길을 택했다. 그리고 그것이 모든 차이를 만들었다."

—Robert Frost

일상생활에서 선택할 때, 시간당 가치 비교, 즉 시간비용을 고려하는 습관을 들여야 한다. 퇴근 후 야근을 통해 시간을 돈으로 바꿀 수도 있고, 친구들과 어울려 여가 활동이나 술을 마실 수도 있다. 또한, 고객 접대를 할 수도 있고, 가족들과 행복한 시간을 보낼 수도 있다. 무언가 기술을 배우기도 하고, 투잡을 뛰기도 하고, 투자 공부를 하기도 한다.

무언가를 선택할 때 항상 생각해야 하는 것이, 어떤 선택에는 희생되는 시간이 있고, 그 시간 동안 획득할 희생되는 그 어떤 가치가 분명히 있다는 것을 명심해야 한다.

시간은 유한하다. 그러나 생각보다 낭비되는 시간이 많다는 것을 모두 다 알고 있을 것이다. 시간이 낭비되는 이유는 바로 시간에 대한 방향성이 없기 때문이다. 이러한 방향성을 시각화해 보기 바란다.

시간은 스스로 움직인다. 아무것도 하지 않아도 세월이 지나가기 때문에 본인의 상태가 변화된다. 즉, 나이가 든다. 또한 시간은 상대적이기 때문에 내가 멈추고, 남들이 나아가면 더욱더 뒤처진 자신을 발견할 것이다.

자신만의 시간길이겠지만, 사람들의 시간길 간 교차해서 만나는 순간들이 있다. 같이 출발했는데 누군가는 벌써 팀장이 되어 있고, 그래서 내가 그의 팀원으로 만나기도 한다. 우리는 서로 다른 시간길을 걸어가고 있지만, 언젠가 한 번씩 만나게 되어 있다. 당신은 그 만남에 당당해질 것인가? 그 만남을 회피할 것인가?

퇴근 후의 삶을 나는 주로 친구들과 어울려 술을 먹고, 다른 친구는 학원에서 공부하고, 투자를 했다면, 3년 후, 5년 후의 삶은 다를 것이다. 옳고 그름, 좋고 나쁨의 문제는 아니다. 선택에는 다른 결과가 이어질 것이고, 그 결과에 대해서는 스스로 책임져야 한다. 시간길은 자신의 선택으로 그 실체가 드러나고, 지나온 흔적을 남긴다. 시간비용을 기준으로 선택해야 한다. 관성과 타성은 시간을 투자가 아닌 낭비로 바꾼다. 시간은 재물이, 재산이 아니다. 모든 시간을 투자라고 생각하고, 그 결과물은 모든 현상으로부터의 관찰과 배움이다.

"The rich invest in time, the poor invest in money."
"부자는 시간에 투자하고, 가난한 사람은 돈에 투자한다."

03

시간을 고용하는 사람

고용주의 시간 개념에 관한 이야기다. 나의 하루, 관리자의 하루, 사장의 하루가 모두 똑같은 24시간을 가지고 있는가? 아니다. 만일 종업원이 100명이라고 하면, 이론적으로 사장의 시간은 24시간 +(8*100)=824시간이 된다. 종업원의 하루 근무시간 8시간을 100명으로 곱한 것이다.

이들이 만들어 내는 성과는 혼자서 100일을 이룬 성과보다 100명이 1시간 동안 이룬 성과가 기본적으로 높다. 왜냐하면, 사장 입장에서는 똑똑한 사람의 시간을 사려고 하기 때문에, 이들이 만들어낸 성과, 즉 시간이 남긴 업적은 훨씬 더 많은 차이를 낼 수 있다.

고용주와 종업원의 시간 사용 방식은 많은 차이를 보이게 된다. 고용주들은 자신의 시간을 직접 일을 하는 데 사용하지 않는다. 고용주의 가장 큰 임무는 유능한 인재를 찾아내고, 이들의 시간을 적은 비용으로 고용하는 것이다.

사실 회사의 경영은 많은 중간 관리자들에게 세부적인 업무는 위임하는 편이다. 또한, 직접 고용하는 방식이 아닌 외부 전문업체와 파트너십을 체결하거나, 아웃소싱하여 더 전문화된 사람들의 기술과 시간을 구매하기도 한다.

고용주들의 기본적인 시간 사용 방식을 요약해 본다.

♣ 좋은 인재를 발굴하고, 그들의 시간을 구매하는 것
♣ 좋은 파트너를 찾아서, 지식과 경험, 그리고 시간을 구매
♣ 종업원의 시간에 방향을 설정해 줄 전략적 목표에 집중
♣ 종업원의 시간당 생산성 증대를 위한 각종 활동
　─시스템 투자, 효율화 등을 통해 시간당 업무처리 시간 절감
　─직원들의 역량 강화를 위한 교육, 인당 생산성 증대: 고용
　　주들의 가장 근본적인 목표는 무엇일까? △유능한 인재의
　　시간을 △좋은 가격에 △많이 구매하는 것, △그리고 투자
　　를 통해 인당 시간당 생산성 증대하는 것 △'집단지성'을
　　유도하여 생산성을 가속화하는 것
♣ 위 네 가지가 갖춰지면, '돈'은 당연히 따라오는 것이다.

The whole is greater than the sum of its parts."
"전체는 그 부분의 합보다 크다."

—Aristotle

고용주는 돈을 투자해서 종업원의 시간을 확보한다. 종업원 시간
을 판매하고, 대가로 급여를 받는다. 이런 이유로 회사에 대한 관점
이 많이 달라진다. 극단적으로 표현하면, 다음과 같다.

고용주는 회사가 100년 동안 지속하리라는 마음으로, 직원을 채
용하기 시작하지만. 직원은 1년 치 연봉을 바라보고 입사한다. 회사
가 망하면, 고용주는 돈과 시간을 모두 잃지만, 종업원은 잠시 실직
할 수 있지만, 다른 일로 급여를 받을 수 있다. 고용주는 인력을 채

용하기는 쉬워도, 정리하기는 어렵다. 반대로 직원 측면에서는 이직, 퇴사가 상대적으로 쉽다.

이러한 이유로 인해 고용주가 가진 회사에 대한 처절함, 로열티가 일반 직원이 가진 것과 비교할 수 없다. 그래서, 고용주만이 오너십을 가질 수 있는 것이다. 순서를 보면, 항상 회사가 먼저이다. 법인 설립이 먼저이고, 사업계획이 먼저 이루어지고, 종업원은 오너가 만든 판에서 주어진 임무를 하면서 회사를 위해, 오너를 위해 자신의 시간을 사용하고 대가를 받아 간다.

그런데, 회사의 성장률과 직원의 연봉 인상률이 같은가? 회사의 수익을 정당한 비율로 직원에게 보상하는가? 직원들이 만들어 내는 성과는 최초 기대 성과보다는 높은데, 늘 보상에 대해서는 불만이 많아지게 된다.

사실 공정성을 담보하기 어렵고, 오너는 100년을 보지만, 직원은 1년을 보기 때문에, 그 배분율에 대한 인식차는 늘 존재하기 마련이다. 다를 수밖에 없음을 인정하고, 불만을 가지기보다는 본인의 학습, 도전, 실험 등을 통한 실력 배양에 집중해야 한다.

회사는 늘 올해가 가장 힘든 해라고 한다. 사실 납득은 잘 안되지만, 별로 궁금하지 않다. 대부분 바꾸기 힘든 것이 사실이다.

오너는 인수합병을 통해 그 회사가 그동안 쌓아 온 기술과 성과, 그리고 종업원의 시간을 구매하기도 한다. 사실 이 방법이 시간과 시간당 생산성을 높이는 가장 효과적인 방법이기도 하다.

① 내가 직접 직원을 고용해서 원하는 사업을 시작한다.
② 다른 회사가 이미 시작한 사업을 인수한다.

시간 관점에서 보면 어떤 것이 효율적일까? 그 회사는 왜 회사를 팔려고 하는 것일까?

시간 관점에서 보면, 회사가 매각에 나왔다는 것은 인당, 시간당 생산성 관점에서 그 가치가 매우 평가 절하되어 있다는 의미이다. 또한, ①번 대비 ②번 방식이 리스크를 줄이는 것으로, 이미 성공과 실패의 경험이 있는 회사와 직원의 경험치를 함께 구매하는 것이다. 새로 이러한 경험치를 쌓는 데는 많은 시간 투자가 필요하다.

또한, 고용주는 좋은 회사와 다양한 파트너십을 체결하려고 노력한다. 최근 부각이 되는 일종의 기술 동맹과 같은 것으로 표현될 수도 있다. 상호 제휴를 통해 서로를 지켜주는 것, 상대방이 이룬 것을 나의 것과 교환하는 방식이다. 상호 주식을 맞교환하는 방식 등 다양한 방식이 동원된다.

서로 다른 성격을 맞교환하는 것이다. 내가 고용한 인력들로 전혀 다른 사업에서 성공하기는 거의 불가능에 가까우며, 실로 엄청난 시간이 걸린다. 그렇기 때문에, 상호 주식 맞교환을 통해 서로 다른 성격의 인력이 만들어 낸 것을 맞교환함으로써 상호 투입된 시간의 가치를 교환하는 것과 같은 원리이다.

이렇듯, 고용주는 양질의 시간을 좋은 가격에 구매하는 데 집중되어 있다. 시간은 돈이며, 좋은 시간은 더 큰 돈을 가져다주는 법이다. 돈은 따라오는 법이다.

고용주는 양질의 시간을 구매하여, 그를 통해 좋은 제품을 만든다. 당연히 시간당 생산성이 다를 수밖에 없다. 그래서 항상 자본성장률(돈으로 시간을 구매해 그 시간이 만들어내는 돈의 양)이 노동성장률(자신의 시간이 만들어내는 돈의 양)보다 항상 높을 수밖에 없는 것이다. 좋은 시간을 확보하기 위해 노력해야 한다. 이것이 부자가 되는 유일한 길이다. 지름길은 없다.

시간 관점에서 보면 성공으로 향하는 길은 무엇일까?

① 양질의 시간을 좋은 가격에 구매하여, 그가 나를 위해 일하게 만들고, 나에게 돈을 벌어다 주게 한다.
② 나의 실력을 배양해서 좋은 직장을 구하고, 승진하고, 이직해서 시간당 대가를 점점 더 높인다.
③ 돈을 더 벌기 위해, 투잡, 야근 등 추가 시간을 투입한다.

부자는 시간을 돈으로 교환하지 않는다. 양질의 시간을 구매하는 방법은 직접 고용만 있는 것이 아니라 다양한 방법이 있다. 뒤에 설명하고자 한다.

"An inch of time is an inch of gold, but you can't buy that inch of time with an inch of gold."
"시간의 1인치는 금의 1인치와 같지만, 그 시간의 1인치를 금의 1인치로 살 수는 없다."

—중국 속담

04

시간을 판매하는 사람

종업원은 하루 8시간을 회사에 판매한 것과 같다. 그러나, 물리적인 8시간을 회사를 위해 일하기로 계약했지만, 그 시간을 보내면서 배우는 것은 자신의 몫이다. 이런 관점에서 보면, 판매를 한 것이지만, 종업원은 '투자'를 한 것이다.

누군가를 위해 자신의 시간을 제공하고, 그에 대한 대가를 받는 사람들, 그 대표적인 예가 종업원이며, 농/수/축산업, 대리운전, 캐디 등 자기 혼자만의 시간을 투입하여 그에 대한 대가를 받는 서비스업에 종사하고 있는 사람도 마찬가지다.

시간당 대가는 보이지 않는 시간을 눈에 보이도록 하고, 시간당 가치를 비교할 수 있게 하는 대표적인 예다. 시각화한다는 것은 비교가 가능하게 하고, 사람들은 이러한 비교에 광분한다.

연봉을 기준으로 회사를 평가하고, 입사를 선택한다. 자신이 좋아하거나, 잘하거나, 꿈꾸는 것보다 연봉 등 돈을 기준으로 생각하는 경향이 있다. 시간을 판매하는 사람들의 수입은 시간당 대가와 총 근무 기간이기 때문에, 시간당 대가가 낮더라도 근무 기간이 긴 공무원을 지원하기도 한다.

종업원의 시간가치를 월급으로 평가받는 것이 정당할까?

안타깝게도 대부분 종업원은 서로의 시간당 대가에 광분하는 경향이 있는 것 같다. 직장생활을 하는 사람들이 가장 큰 비중을 차지하기 때문에 언론에서는 중소기업과 대기업의 연봉을 비교하는 기사를 낸다. 회사 경영진은 인사 평가 등을 통해 성과급 등으로 시간당 대가에 작은 차등을 둠으로써 종업원끼리 경쟁을 유도한다. 즉, 종업원으로 하여금 월 급여를 기준으로 만족감을 느끼게 함으로써, 계속해서 종업원으로 머무르기를 원하고, 서로 비교우위를 점하는 것에 만족하게 유도한다. 그러나, 자신의 시간가치에 대해 냉정하게 생각해야 한다. 월 급여에 집착하는 생활과 사고방식을 벗어나지 못하면 자신의 시간가치에 대한 정당한 보상을 받거나, 가치를 끌어올릴 수 없다.

회사는 정당하게 수익을 배분하는가? 종업원을 정당하게 평가하고, 그에 합당한 대가를 지급하는가?

위에서 시간을 구매하는 오너와 종업원은 출발점과 리스크, 그리고 목표하는 기간이 다르기 때문에 당연히 회사와 종업원의 수익 배분은 같은 비율일 수가 없다. 또한, 시간당 대가라는 것이 회사가 정한 초기 연봉을 종업원이 받아들인 것이어서 아무리 인상을 한들 그 끝은 제한되어 있다. 더욱이, 공정성이 담보되지 않은 평가에 의한 차등 지급 규모도 역시 한계가 있다. 회사에서 공정성과 그에 따른 충분한 보상은 기대하지 않는 것이 좋다.

① 회사와 종업원의 수익 배분은 같은 비율일 수 없다.
② 회사가 제시한 최초 연봉을 수용했기에, 끝은 정해져 있다.
③ 종업원의 능력과 성과, 업무의 성격 등이 다르기 때문에 종업원의 성과를 공정하게 평가한다는 것은 불가능하다.

④ 그렇기에, 평가에 대한 차등 지급 규모를 크게 할 수 없다.

이러한 이유로 회사에서 시간당 대가를 높여 자신의 시간가치를 되찾는다는 것은 거의 불가능에 가깝다고 보는 편이 낫다. 종업원의 꿈인 임원을 달아도 더 문제가 된다. 대개 40대에 임원을 달아 50대에 은퇴한다. 100세 시대이다. 임원을 다는 것이 직장인이 추구해야 할 목표가 아니라는 말이다.

그렇다면, 종업원은 무엇으로 보상을 받아야 하는가? 어떻게 하면, 성공할 수 있는가? 시간을 확보할 수 있는가?

꿈을 꾸어야 한다. 목표를 가져야 한다. 회사는 그 꿈과 목표를 향해 달려가는데 좋은 학습의 장이며, 도전과 실험을 할 수 있는 기회를 제공하는 곳이다. 돈을 쫓기보다는 자신의 가치 향상에 집중해야 한다. 지금은 종업원으로 자신의 시간을 판매하고 그에 대한 대가를 받지만, 언젠가는 나도 돈을 투자하여 다른 사람을 고용해서 그들의 시간을 나 자신을 향하도록 하겠다는 의지가 있어야 한다. 자신의 가치가 향상되면, 돈은 따라오게 되어 있다.

① 꿈을 꾼다. 목표를 정한다. 집중하고자 하는 분야를 정한다.
② 다양한 실험, 도전, 학습을 통해 자신의 실력을 키워야 한다.
③ 위 목표를 위해 지금의 삶을 겸손하게 한다.
④ 다른 사람들이 나를 위해 시간을 쓰도록 한다.

종업원이 집중해야 할 것은, 미래에 대한 비전을 강하게 가지고 지금 나의 시간을 그 비전을 향하도록 투자하는 것이다. 시간당 대가를 받는 종업원이 일하는 곳은 월급 이외에 많은 가치와 잠재력을 가지고 있다. 회사가 주는 대가에 집착하기보다는 그 회사 생활을 하는 동안 무엇을 어떻게 배울 것인가 하는 학습에 집중해야 한다.

떡볶이를 요리하는 것이 시간당 1만 원 정도의 가치인가? 아니면, 떡볶이 요리를 마음껏 실험할 수 있는 기회인가?

디자이너로 일하다가 '배달의 민족'을 창업한 김봉진 회장. 스타벅스의 직원이었지만, 1987년에 스타벅스를 인수하여 오늘날의 글로벌 커피 제국으로 성장시킨 하워드 슐츠. 브룩스 브라더스에서 판매 보조원 생활을 하다가 랄프로렌을 창업한 랄프로렌. 구미에서 치킨 가게를 운영하다가 교촌치킨을 창업한 권원강 회장, 일본에서 중고 물품 판매를 하다가 다이소를 창업한 박정부 회장… 주변에 너무나 많다. 이들이 돈을 좇아서 창업했을까? 아마도 돈보다는 자신이 하는 일에서의 배움과 나중에 만들어 낼 가치에 집중했을 것이다.

종업원들은 자신의 시간을 팔아서 그 대가를 받지만, 시간당 대가의 양과 비교에 집중하기보다는 자신이 하는 일이 주는 가치에 집중해야 한다. 즉, 회사를 위해 자신의 시간을 제공하지만, 결국 일과 사람이 주는 가치에 집중함으로써 그 시간을 자신의 시간으로 되돌리는 것이 중요하다.

뒤에 다시 언급하겠지만, 필자가 생각하는 회사가 종업원에게 가지는 가치와 의미를 미리 언급해 보고자 한다. 회사가 나의 시간길에서 가지는 의미를 찾고, 이름을 붙여야 한다.

❶ 고정수입을 주는 곳
❷ 다시 배울 수 없는 것을 가르치는 학원
❸ 내 돈으로는 할 수 없는 도전을 할 수 있는 실험실
❹ 밖에서는 만날 수 없는 사람을 만날 수 있는 소통의 장
❺ 학습을 확장할 수 있는 고객을 연결해 주는 징검다리
❻ 평생 간직할 좋은 습관을 길러주게 해주는 훈련소

그렇다면, 종업원은 일을 하면서 시간을 구매할 수 없는가?

주식 투자를 하는 것이 다른 사람의 시간을 구매하는 것 중 하나라고 생각한다. 투기가 아닌 투자를 해야 한다. 예를 들어, 테슬라, 엔비디아, 마이크로소프트 같은 우량주를 샀다고 가정하자. 이것은 그 회사 경영진 및 직원의 구매한 것과 같은 것이다. 그들이 일한 대가로 발생하는 주가 상승 및 배당을 받기 때문이다. 나 자신이 반도체를 만들 수 없고, 전기자동차와 클라우드 서비스를 만들 수 없기 때문에 주식을 구매한 것은 내가 할 수 없는 다른 사람의 시간이 만들어 낸 가치를 구매하는 것이다. 시간 관점에서의 주식은 똑똑한 사람들의 시간을 사는 것이다. 어떤 주식을 구매하겠는가? 어떤 회사 직원의 시간을 구매하겠는가?

중소기업을 과소평가하는 것은 아니지만, 적어도 근무, 교육, 경험 환경으로 인해 직원의 역량 차이는 분명히 크게 날 것이다. 주식에 투자하는 것이 그 회사 직원들의 시간을 구매하는 것이라고 하는 관점을 접목하면, 단기 투자보다는 장기적인 투자를 해야 한다는 걸 알 수 있을 것이다. 시간이 지날수록 직원들의 역량은 더 강화되기 때문이다. 다만, 경영자의 잘못된 판단은 점검해 봐야 할 것이다.

고용주들은 100년을 보고 돈을 투자하고, 종업원은 1년을 보고 시간을 투자한다고 말한 바 있다. 그렇다면, 주식 투자는 몇 년을 보고 투자해야 하는가? 단기 실적이나 호재가 아닌, 100년의 가치에 투자해야 한다. 누구나 알 수 있었다. 전기차의 시대가 오고, 고령화가 지속되고, AI로 촉발된 반도체 전쟁이 시작되고, 클라우드의 시대가 오고, 모든 돈이 미국(한국 시총의 약 20배 이상)으로 몰린다는 것을 알고 있었다.

고용주 관점에서 투자해야 한다. 주식을 산 것은 그 회사 임직원의 시간을 구매한 것이며, 그들의 시간이 돈을 벌게 해야 하는 것이다. 그래서 장기투자가 정답이다.

주식을 구매해서 계속해서 주식 창을 들여다보는 것은 돈을 좇는 것이다. 돈도 팔고, 시간도 파는 가장 어리석은 투자이다. 시간 관점에서 투자 습관을 점검해 보기 바란다.

수익형 부동산에 투자하는 것도 시간을 구매하는 것인가? 이것도 마찬가지로 좋은 장소에 부동산을 소유하고, 그 안에서 장사를 하든 주거를 해서 돈을 벌게 하고, 그가 번 돈을 나눠 가지는 구조라는 측면에서 시간을 확보하는 투자라고 할 수 있다. 이런 관점에서 보면, 비 수익형 부동산은 가격 상승이라고 하는 시간이 아닌 돈을 좇는 투자라고 할 수 있다. 성공과 실패의 이야기라기 보다는 원리에 대한 설명인 점 이해하기 바란다.

부자의 투자 방식

—투자를 해서 그 회사 직원들의 시간을 산다.
—그 회사 직원들이 나를 위해 일하고, 돈을 벌어다 준다.
—그 직원들을 믿고, 맡긴다.
—확보된 시간을 활용해서 실력을 기른다.
—늘어난 실력으로 시간길을 걷는 속도가 빨라진다.
—걸어간 거리가 늘어나고, 많은 가치를 창출하게 된다.
—속도는 빨라지고, 시간은 더 확보되며, 복리 효과가 생긴다.

가난한 사람의 투자 방식

—투자를 해 그 회사 직원들의 시간을 산다.

―그 회사 직원들이 나를 위해 일하고, 돈을 벌어다 준다.

―그 직원들을 믿지 못하고 계속 감시하며, 시간을 소비한다.

―내 시간을 빼앗기고, 조바심에 실력을 기르지 못한다.

―시간길을 걷는 속도는 점점 더 느려진다.

―다시 돈을 좇아 부자에게 시간을 판매한다.

―격차는 더 벌어지며, 시간당 대가가 적음을 불평한다.

부자는 시간을 확보하고, 가난한 사람은 시간을 소비한다. 부자는 길게 보고, 복리효과를 노린다. 부자는 멀리 보기 때문에, 똑바로 걸어갈 수 있다. 부자는 돈을 좇기보다는 시간을 좇는다. 돈은 걸어가면서 얻어지는 부산물이지, 목적지가 아니다.

장기투자를 할 것인가, 단기 투자를 할 것인가? 어떤 회사의 시간에 투자할 것인가? 현재의 시간에 투자할 것인가, 미래 시간에 투자할 것인가? 모든 투자의 기준을 시간에 두면 많은 것이 달라진다. 모든 것을 시간 기준으로 재해석해 보기 바란다. 우리는 이미 미래를 알고 있다. 행동하지 않을 뿐이다.

"The poor work for money. The rich have money work for them."

"가난한 사람들은 돈을 위해 일하고, 부자들은 돈이 자신을 위해 일하게 한다."

—Robert Kiyosaki

시간을 확장하는 사람

업무를 위탁하여 시간을 아웃소싱하는 사례다. 자신의 시간을 더 효율적으로 사용하기 위해 특정 업무를 다른 사람이나 서비스에 위임하여 자신의 시간을 더 효율적으로 사용하고자 하는 사례다. 이러한 소비 습관에도 나름대로 기준이 있어야 한다. 앞에서 말한 '시간비용'이라는 개념을 도입해 보자.

아웃소싱은 다른 사람의 시간을 구매하는 것이다. 일을 아웃소싱하는 데는 대가를 지급해야 한다. 목적은 시간을 줄이거나, 대체된 시간을 확보하기 위함이다. 확보된 시간 동안 나는 무엇을 해서, 어떤 가치를 만드는가?

사람들은, 당신은 왜 아웃소싱을 하는가? 자신이 하기 싫은 일, 불편한 일, 두려운 일, 잘 못하는 일 등을 누군가에게 맡김으로써, 심적 만족감을 얻기 위함일 수도 있다. 일종의 가사도우미, 청소 대행, 음식 배달서비스, 심부름센터, 세탁 서비스 등의 서비스가 해당할 것이다.

또한 편리함을 위해서 아웃소싱하는 경우도 있다. 버스, 지하철을 타지 않고, 택시를 타거나, 자동차를 운전하면서 출퇴근한다. 음성인식 기반으로 목적지를 설정하고, 검색 필요 없이 음악을 추천해 준다.

단순한 관성에 의해, 남들을 따라 아웃소싱하는 경우도 많다. 아웃소싱의 목적이 희석될 수 있는 부분이다.

아웃소싱은 시간을 판매하는 사람의 서비스를 구매한 사람으로 해석될 수도 있다. 즉, 돈과 시간을 교환하여, 나의 시간을 번 것이다. 그 번 시간 동안 무엇을 하는지는 모르겠지만, 분명히 시간을 돈으로 산 것이고, 이를 통해 자신의 시간을 확장한 것은 분명하다.

아웃소싱에는 대가를 지급해야 한다. 경제학적 관점에서 바라보면, 나는 대가를 지급하고, 나의 시간을 확보한 것이다. 결국 비교는 내가 지급한 대가와 그 대가로 확보한 시간 동안 무엇을 하는 것인지를 비교해야 한다. 이것이 '시간비용' 개념이다.

시간을 벌기 위해 대가를 지급했다는 것은 그 번 시간 동안 무엇인가 생산할 때 의미가 있는 것이지, 그런 계획이 없이 불편함을 없애기 위한 투자는 효과적인 투자가 아닐 수 있다. 즉, 무언가를 하기 위해 소모되는 시간을 대가를 지급하는 대신 그 시간에 다른 가치를 창출해야만 의미가 있다는 말이다. 대가를 지급해서 나의 시간 소비를 줄이고자 한다면, 그 절약한 시간을 어떻게 활용할 것인지 항상 생각해 보고 대가 지급 여부를 결정하는 습관을 들이는 것이 중요하다.

항상 이렇게 어렵게 대가 지급을 결정할 필요는 없지만, 시간에 대한 중요성을 상기해 볼 필요는 있다. 그 시간 동안 단순 휴식을 취할 수도 있다. 다만, 이 글을 읽는다면, 당신의 소비 습관을 점검해 보고, 무엇을 위해서 대가를 지급해서 시간을 확보하는지? 그 시간에 과연 무엇을 하는지? 한번 생각해 보는 계기가 되기를 바란다.

내가 목표가 있고, 나의 시간을 절약해 줄 수 있는 그 무엇이 있다면, 당장 그것을 구매하라. 그것이 아웃소싱이다. 단순하게 편리함을 추구하기 위한 아웃소싱은 그 가치가 떨어진다.

"Do what you do best and outsource the rest."
"가장 잘하는 일에 집중하고 나머지는 아웃소싱하라."

—Peter Drucker

이 말은 실제로 잘하는 일에 집중할 때 의미가 있다. 그렇지 않다면, 아웃소싱은 투자가 아닌 낭비이다.

현대 사회는 지나치게 분산되어 있고, 잘게 쪼개진 채 서로 연결된다. 본질은 하나인데, 잘게 쪼개놓은 것이다. 각종 용도의 신발, 의류, 몇 개나 되는 냉장고, 다양한 용도의 식재료, 각종 용도의 조리도구 등 실로 헤아릴 수 없이 쪼개진다. 이런 정보들은 스마트폰, 광고 등을 통해 노출되고, 가지고 있지 않으면 어색해지는 분위기도 많이 연출된다.

정보가 폭발적으로 늘어나고 있고, 이제는 검색하기보다는 AI에게 찾으라고 명령을 내린다. 검색하는 시간도 AI에게 아웃소싱한 것으로 볼 수 있다. 사람은 편리함을 역행하지 않는다. 아웃소싱을 하지 않으면 일상생활을 할 수 없을 정도로 우리는 아웃소싱 사회에 노출되어 있고, 이 말은 더 많은 돈이 필요하다는 의미로 해석될 수 있다. 한국의 외식 횟수는 세계 최고 수준이며, 밥을 해 먹는 것보다 외식하는 것이 시간적, 경제적으로 더 효과적인 시대일 수 있다. 아웃소싱은 대가가 따른다.

이러한 사회에서 과연 나에게 필요한 것이 무엇이고, 무엇이 나의 시간을 절약해 주는가? 그 시간에 나는 무엇을 할 것인가? 하는 본질적인 질문을 반복해야 한다. 시간 아웃소싱은 효율적인 시간

관리와 생산성 향상에 매우 중요한 요소이다. 적절한 아웃소싱 전략을 통해 자신의 시간을 확보하고, 그 시간에 자신의 본질적인 가치를 늘리는데 시간을 사용하는 것이 중요하다.

아웃소싱에는 대가가 따르고, 목적은 시간을 확보하기 위함이다. 그 확보된 시간에 무엇을 할 것인지 목적성을 생각해야 한다. 자기 목적적 아웃소싱은 확대해야 하지만, 습관적 관성, 타인을 따라 하는 타성은 주의할 필요가 있다.

우리 모두 소비 습관을 다시 한번 살펴볼 필요가 있다.

아웃소싱의 원칙

—대가를 지급하여, 타인의 전문성과 시간을 확보한다.
—직접 할 때, 소모되는 나의 시간을 확보한다.
—완성도를 높이고, 그 시간에 다른 가치를 창출한다.

"Focus on being productive instead of busy."
"바쁘게 일하기보다 생산적으로 일하는 데 집중하라."

—Tim Ferriss

06

시간을 투자하는 사람

자신의 현재 시간을 자신의 능력개발이나 미래의 시간을 위해 투자하는 유형이다. 자기 계발을 위해 책을 사고, 학원에 다니고, 강의를 듣고, 열심히 건강을 관리하는 사람도 있다. 자신의 능력개발은 좋은 직장을 얻기 위해, 돈을 많이 벌기 위해, 인정받기 위해 등 많은 이유가 있을 것이다.

지금 자신의 역량으로 현재의 시간길을 걸어가는 속도가 있다면, 이 속도를 더욱 빠르게 하기 위한 투자라고 생각하면 더욱 동기부여가 될 수 있다. 시간길을 걸어가는 속도가 빨라질 수 있고, 그로 인해 시간길을 가는 동안 벌어들이는 돈의 양이 달라질 수 있다. 시간 자체는 눈에 보이지는 않지만, 다른 사람과 비교를 통해 시각화되고, 자신이 지나온 길에는 흔적이 남는 법이다.

현재의 시간을 미래에 투자하는 목적은 다음과 같다.

① 업무처리 속도를 빠르게 하여, 시간을 확보한다.
② 그 확보된 시간에 다른 가치를 추가로 창출한다.
③ 추가 창출된 가치를 가지고, 다른 사람의 시간을 구매한다.

④ 나의 시간당 생산성 증대와 구매한 다른 사람의 시간을 통해
　　돈은 따라온다.

　라이프 사이클 관점에서 보면, 자신의 시간길을 여러 단계로 나눌 수 있다. 1단계로 부모의 지원으로 미래를 위한 기반을 준비하는 시기가 있고, 2단계로 경제활동을 하는 시기가 있으며, 3단계로 자신이 축적한 돈으로 남은 생을 살아야 하는 노년기가 있다. 100세를 살아간다고 가정하면, 30년, 30년, 40년으로 개략적으로 나눌 수 있을 것이다. 100년이라고 하는 시간길을 걸어가면서, 저마다 걸어가는 속도가 다를 것이다. 시간길을 걸어가는 사람의 상태, 환경, 동기부여, 목적 등에 따라 다르다. 초기 30년에 걸어가는 속도와 다른 30년, 40년 기간 동안 걸어가는 속도가 다르다. 각 기간에 경험하고 배운 것은 다음 기간에 영향을 미친다. 결국, 현재의 시간길을 무엇으로 채우느냐 가 미래의 시간을 결정하는 것이다.
　현재의 시간가치는 미래의 시간가치와는 다르다. 미래의 시간가치는 현재의 시간을 무엇으로 채우는지, 지금 내가 하는 일로부터 무엇을 배우는지, 미래 시간길의 방향을 어디로 설정했는지에 따라 결정된다.

"The only way to predict the future is to have power to shape the future."
"미래를 예측하는 유일한 방법은 미래를 형성할 힘을 가지는 것이다."
—Eric Hoffer

　비용적 관점에서는 별도의 시간과 돈을 투자해서 배우는 것보다는 평상시 일을 하면서, 사람을 만나면서 배우는 습관을 들이는 것

이 훨씬 효율적이다. 선생님이 정한 교육을 받는 것보다 내가 궁금한 것을 물어보는 것이 효과적이다. 또한 물어보지 않고, 스스로 호기심을 가져, 깨닫는 것이 가장 효과적일 것이다.

① 내가 원하는 강의를 찾아, 강의를 듣는다.
② 그 분야의 전문가를 찾아, 원하는 질문을 하고 답을 듣는다.
③ 전문성이 부족하더라도, 주변 사람의 말과 행동을 관찰한다.

필자의 경험으로는 ③번을 기준으로 그들이 비전문가라 하더라도 열심히 관찰하고, 대화한 다음 ②번을 통해 학습을 완성하는 방법이 가장 학습 효과가 좋고, 효과적인 투자라고 생각한다.

필자는 지금도 학습하고 있다. 나중에 자세하게 언급하겠지만, 학습의 방법으로 소통의 기본 구조를 알아야 하고, 효과적인 학습을 위한 마인드 셋이 필요하다. 사회생활을 하면서 다른 사람의 말과 행동 그리고 반응 등을 관찰하면서, 원리를 자기만의 방식으로 찾아내는 것, 그리고 심화 학습하는 것이 가장 강력한 학습 모델일 것이다. 모든 순간은 의미와 가치, 그리고 배울 점이 있다는 확신, 그것을 찾아내는 것이 깨달음의 순간이라는 생각이 학습을 위한 기본 전제이다.

소통의 3요소

① 송/수신자: 자극이 있고, 반응이 있다. 그것을 관찰할 것
② 전달 매체: 의사전달을 위한 효과적인 수단인지, 장소인지
③ 프로토콜: 서로의 말을 잘 알아듣게 소통하는가?

학습의 3가지 단계

① 읽는 단계: 직접 경험과 관찰의 영역
② 쓰는 단계: 해석, 정리, 표현의 단계
③ 말하는 단계: 주변에 설명하는 단계
★③ 번을 한다는 마음으로 ① 읽고, ② 쓰기

책을 읽고 강의를 듣는다고 가정해 보자. 어떤 마음으로 임하는지 생각해 볼 필요가 있다. 자기 계발을 하고 있다는 자기만족을 위해? 기록해서 물려주고, 책을 남기기 위해? 내용을 다른 사람에게 전파하기 위해?

읽는, 듣는 효과가 다르다. 한 번만 실험해 보면, 바로 알 수 있을 것이다. 필자도 책을 읽을 때 늘 정리하면서 책을 읽고 있고, 읽은 책 내용을 늘 주변에 이야기하는 습관이 있다.

소통의 3요소를 기반으로 관찰하고, 말하기를 전제로 읽고, 쓰기를 반복한다면 당신은 미래를 창조할 힘을 분명히 가지게 될 것이다. 모든 경험을 책으로 정리하여 다른 사람에게 판매한다고 가정하면, 모든 순간 몰입할 것이다.

07

시간을 소비하는 사람(목적 소비)

휴식의 목적은 긴 시간길을 걸어가기 위한 재충전이 목적이다. 습관인 휴식은 시간을 소비하는 것이다. 재충전 자체의 목적성을 부여해야 한다. 시간이 남아서 하는 휴식은 시간소비이다.

"Learning is the only thing the mind never exhausts, never fears, and never regrets."
"배움은 마음이 절대 지치지 않고, 두려워하지 않으며, 후회하지 않는 유일한 것이다."

—L.다빈치

부자는 큰 에너지를 가지고 있다. 그것은 배움에 대한 열망이다. 이 열망은 사람을 지치게 하지 않는다. 또한 장소와 시기를 가리지 않는다. 휴식하는 동안에도 무의식적으로 배운다.

친구들과 신나게 놀고 난 뒤 물밀듯 밀려오는 허망함, 왠지 모를 허망함. 즐거웠지만, 남는 것은 쓸쓸한 웃음. 왜 그런 느낌을 받는 것일까? 목적이 없기 때문이다.

왜, 무엇을 위해 시간을 소비한 것일까? 시간소비에도 목적이 있을 때 의미가 있다. 시간 소비 후 그다음으로 연결될 때 그 시간을 소비한 효과가 있는 것이다. 아무 의미 없이 시간을 소비할 때, 그 아무 의미 없는 것이 의미라는 목표를 부여하는 것이 중요하다. 소위 우리가 '멍때린다'라고 표현할 때, 아무 생각 없이 시간을 보낸다는 목표를 부여하면, 그 시간 동안 더 큰 깨달음, 의미를 가질 수도 있다.

사람들은 그 어떤 목적을 가지고 시간을 보낸다. 의식적으로, 무의식적으로 분명히 목적이 있다. 애써 무시하는 것일 수도, 의식하지 못하기 때문에, 표현하지 못하는 것일 수도 있다. 그러나, 분명히 목적이 있다. 단지, 특정하지 못할 뿐이다.

친구들과 저녁을 먹고, 야구 경기를 관람하고, 게임을 하고, 여행을 가는 사람. 이런 소비를 하는 사람은 돈만 지급하는 것이 아니라 그 시간 동안 이루어 낼 가치도 지급하는 것이라는 것을 인식해야 한다. 즉 시간비용이 있는 것이다.

사람은 매 순간 무슨 가치를 생산해 낼 수는 없다. 시간길은 긴 여정이 기 때문에 중간에 쉬어가기도 해야 하고, 충전도 필요하다. 그러나, 사람은 멀리 봐야 하고, 똑바로 가야 한다. 잠깐의 멈춤은 재충전하여 다시 힘차게 나아가기 위함이지, 계속해서 멈춘다는 것은 방향이 잘 못 설정되었다는 말이다. 그때는 과감히 목적지를, 방향을 바꿀 수 있는 용기도 필요하다. 왜냐하면, 깨닫는 순간이 가장 빠른 시간이기 때문이다.

목적이 없는 것 같아도, 다 목적이 있다. 시간의 무료함을 달래는 것도 목적이 될 수 있다. 다만, 필자가 말하고 싶은 것은 그 시간은 다시 돌아오지 않을 시간이니, 그 시간에 의미를 부여하고, 타이틀을 부여하라는 것이다.

필자는 가끔 이런 시간을 보낸 적이 있다.

"오늘은 아무 생각 없이, 그냥 놀자"

"지금부터 1시간 동안은 서로 대화를 하지 말자, 같이 있지만, 혼자인 것처럼, 주변 사람을 투명 인간 취급해 보자"

"특별히 할 일이 없으니, 영화나 보자. TV나 보자, 술이나 먹자"

영화를 보면서, 영어표현을 배우기도 한다. 목적이 있어야 한다.

그러나, 무의식에 시간의 중요성, 학습에 대한 목적성을 가지는 습관을 지니고 있었다면, 그 와중에도 배울 수 있다. 불현듯 깨달음을 얻을 수도 있다. 원래 깨달음은 깨닫겠다는 목표에 의해 이루어지는 것이 아니라, 정말 문득 다가오는 것이다.

시간을 사용함에 있어 좋고 나쁨은 없다. 중요한 것은 유한한 시간을 사용하는 것이라는 사실은 인식하는 습관을 지니고 있다면, 아무 목적 없이 보낸 시간 동안에도 깨달음을 얻을 수 있는 것이다. 인생에서 긴 시간길을 걸어가는 것은 정말로 지치고 힘든 여정일 수도 있다. 오늘을 최선 다해 살아가는 것도 중요하지만, 내일의 길을 가기 위한 적당한 휴식과 힐링이 필요할 수 있다. 이러한 소비는 내일의 길을 걸어가기 위한 자기 자신에 대한 작은 보상이나 위로가 될 수 있기 때문에, 긍정적인 시간소비가 될 수 있다.

그러나, 이러한 소비는 주변인들의 의식에 따른 소비가 되어서는 안 된다. 남들을 따라 하는 시간은 소비이고, 내가 선택한 시간은 투자이다. 인생의 시간길이 길다는 점에서 내일의 나를 더 강하게, 지속 가능하게 하기 위한 소비는 긍정적인 효과가 있지만, 주변을 의식한 소비는 순간의 만족은 있을 수 있지만, 내일의 나 자신을 더 약하게 만들 수 있다.

나 자신의 시간을 나를 위해 쓴 것이 아니라 남의 시선을 위해 쓴 것이며, 지나고 나면 회한과 한숨이 남을 수 있다. 그래서, 이러한 소비는 돈을 잃어버리는 것 외에 자신의 시간도 잃어버리는 것이다. 이것은 미래의 시간가치도 약화하는 것이라는 점을 명심해야 한다. 시간가치는 돈으로 환산할 수 없다.

"The key to success is to focus our conscious mind on things we desire not things we fear."
"성공의 열쇠는 우리의 의식적인 마음을 두려워하는 것이 아닌 원하는 것에 집중하는 것이다."

—Brian Tracy

왜 그것이 필요한가? 그것을 통해 얻고자 하는 것이 무엇인가? 나의 긴 시간길에서 그것이 가지는 의미와 가치는 무엇인가?

합리적인 소비를 하기 위해서는 시간길의 방향성 설정이 중요하다. 그 길을 걸어가는 과정에서의 스스로 자기를 발견하고, 긴 여정을 확인한다면, 소비와 판단의 기준이 명확해지게 된다. 반드시 오늘 해야만 하는 것은 없으며, 할 수 있다고 해서 해야 하는 건 아니다. 긴 여정에서 목표하는 곳에 가기 위해 지금 하고자 하는 것의 의미를 찾아내는 것이 중요하다. 주변에서 하니까 따라 하는 소비는 자신의 시간을 잃어버리고, 미래의 시간도 훼손하는 것이라는 점을 알아야 한다.

"It is the set of the sails, not the direction of the wind that determines which way we will go."
"우리가 가는 방향을 결정하는 것은 바람의 방향이 아니라 돛의 설정이다."

—Jim Rohm

골프를 친다고 가정했을 때, 이동시간을 고려하면 7~8시간을 투자하는 것이다. 그 시간을 투자하는 목적은 프로골퍼나 티칭프로 자격 취득 같은 골프 자체에서 의미를 찾을 수도 있고, 고객 접대를 위해 직업적으로 투자한 것일 수도 있다. 친구들과 소풍 간다는 힐링을 통해 그 후 더 재충전 하는 것이 목적일 수도 있다. 그러나, 이러한 것들이 그 다음으로 연결될 때 의미가 있다는 점을 기억하기를 바란다.

모든 소비에는 시간에 대한 목적성을 부여하는 것이 중요하다. 나는 그것을 왜 원하는지, 그것을 통해 무엇을 얻고자 하는지, 그래서, 이것이 미래 나의 시간길과 어떻게 연결되는지를 생각해야 한다. 습관적으로 커피를 마시고, 본인의 이야기 아닌 다른 사람의 이야기에 시간을 보내고, 마지못해서 골프를 치는 것 등은 모두 시간을 낭비하는 것일 수 있다.

시간은 소중하고, 그 시간 동안 이루어 낼 것이 생각보다 많다. 모든 시간에서 부딪히는, 경험하는 모든 것은 배울 점이 있다. 모든 시간은 연결되고, 모든 경험은 연결될 때 의미가 있다. 모든 시간은 그다음 시간을 위한 그 어떤 의미라야 한다. 지금 시간에 하려고 하는 그 무엇, 습관적으로 하는 그 무엇이 기나긴 시간길에서 어떤 의미를 가지는가?

08

시간 도둑들(Time Stealers)

시간은 눈에 보이지 않는다. 나아갈 길도 보이지 않는다. 그러나 시간은 항상 같은 모두에게 같은 속도로 다가오고, 지나간다. 세상의 모든 일은 시간을 빼앗는 전쟁이다. 우리는 서로의 시간을 빼앗고 빼앗기는 시대에 살고 있다. 이것은 고대나 현대 사회나 동일하다. 고대는 생활공간이 매우 좁았기 때문에, 시간 사용에 대한 관찰과 통제가 가능했던 반면, 지금의 시대는 용이하지 않다.

활동 범위는 전 세계로 넓어졌다. 그러나 대부분의 활동이 스마트폰이나 온라인을 통해 이루어지므로, 다른 사람의 활동이 눈에 보이지 않는다. 그래서, 편리하지만, 보이지 않으니 왠지 불안하다. 나의 시간길에서 부딪히는 상황들이 너무나 많아졌고, 유혹도 많다. SNS를 통해 남들이 무엇을 하는 것을 쉽게 볼 수도 있지만, 그것이 진실인지 알 수도 없다. 그러나 나는 반응한다. 모두 열광하고, 비난하고, 팬덤을 형성해서 행동하기도 한다. 이 무리에서 나는 이탈하지 않을까, 두려워하기도 하고, 따돌림을 당하기도 한다. 너무나 많은 유혹이 도사리고 있고, 눈에 보이지 않기 때문에, 편리하지만, 불안하다. 이러한 환경 속에서, 누구는 시간을 빼앗고, 누구는 빼앗긴다.

인생은 시간과 관련된 게임이다. 지금 남들보다 앞서 있다고 해서, 영원히 그 승리가 유지되는 것은 아니며, 지금 뒤처져 있다고 해서 나중에도 그러리라는 보상이 없다. 지금 내가 누군가를 위해 나의 시간을 사용 중이라면, 그 시간을 나를 중심으로 돌아가게 하는 게임을 해보면 재미있는 일이 생긴다.

일종의 갑을 관계에서 내가 '을'이지만, '갑'이 나의 말대로 움직이게 하는 것이 시간을 되돌리는 것이다. 어떤 상황에 놓였느냐 하는 게 중요한 것이 아니라 그 주어지는 상황에서 내가 어떤 태도를 보이냐 하는 것이 중요하다. 이것이 바로 시간 전쟁에서 승리하는 유일한 무기며, 내가 사용할 수 있는 가장 강력한 무기다. 시간 도둑들을 살펴보자.

■ 의도하지 않은 정보: 인터넷과 소셜 미디어

페이스북, 인스타그램, 트위터 등 소셜미디어는 흥미롭고 매력적인 콘텐츠를 제공하여 우리의 시간을 쉽게 빼앗는다. 원래 목적은 소통의 필요에서 만들어졌지만, 지금은 내가 원하지도 않은 너무나 많은 정보를 접하게 되고, 심지어 모르는 사람으로부터 정보를 받는다. 소통의 범위가 넓어진 것은 어찌 보면 긍정적인 변화로 보일 수 있지만, 자신의 시간을 침범하는 정보는 가차 없이 차단하는 습관이 필요하다. 내가 원하지 않는 정보는 내 시간을 도둑질하는 것이며, 그에 반응하는 나 자신은 나에게 주어진 시간에 대해 무책임한 것일 수 있다. 시간을 조종당하는 사람이 아닌 시간 조정자가 되기 위해 노력해야 한다.

■ 실시간으로 발전하는 이메일, 정제되지 않은 내용

일부 글로벌 회사는 근무 지역이 다름을 이유로 이메일에 대한 답변 시간과 답변 내용의 정확도를 기반으로 평가를 하기도 한다. 그래서 이들은 이메일이 왔을 때 알림을 주는 기능을 설정하여 늘 긴장 상태를 유지하는 경향이 있다. 위 SNS와 마찬가지로 이메일에 대한 즉각적인 응답 요구는 몰입을 방해하게 마련이다. 이메일 응답시간을 보낸 시간 기준이 아닌 몇 시간 이후를 기준으로 카운트한다든가 하는 기준이 필요하다. 이메일 필터링 기능을 활용하는 것도 방법이다. 업무용 이메일은 별도의 표식을 하게 하여, 이메일 우선순위를 설정하는 것도 방법이다.

■ 목적이 뚜렷하지 않은 회의, 모임

직장인들이 대표적으로 겪는 시간 도둑이 바로 정기 회의 시간이다. 특별한 이슈가 없어도 늘 정해진 사항을 점검하고, 동일한 패턴으로 전체가 모여 회의하는 것이 바로 정기 회의다. 나와 상관없는 내용을 들어야 하고, 특별한 이슈가 없어도 시간을 허비해야 한다. 일주일에 한 번은 봐야지 하는 생각으로 정기 회의를 한다. 그러나 글로벌기업은 1달에 한 번도 안 보고도 생산성은 오히려 높다. 회의는 다음 액션 아이템을 도출하기 위함이어야 한다. 대부분의 정기 회의는 다음 액션 아이템 도출을 위한 것이 아니라, 관리/감독을 위한 목적인 경우가 많다. 눈으로 봐야 감독을 하는 것도 아니고, 관리/감독은 자료로도 가능하며, 이슈 사항만 봐도 아무 문제 없다. 특히, 리더는 자신이 다른 사람의 시간을 통제할 수 있다는 생각을 버려야 한다. 상사라고 해서 부하직원들의 시간을 가질 수 있는 권리는 없다. 자신의 시간이 소중하면 다른 사람의 시간은 더 소중하다는 점을 명심하라. 다들 모여서 이야기할 가치가 있을 때만 회의를 하기 바란다.

"The least productive people are usually the ones who are most in favor of holding meetings."

"가장 생산성이 낮은 사람들이 보통 회의 개최를 가장 찬성한다."

—Thomas Sowell

■ 불분명한 목표, 합의되지 않은 규칙

목표가 분명하지 못하면 사람들은 시간을 우왕좌왕하면서 소비하게 마련이다. 방향이 잘못되어 되돌아오기도 하고, 같이 걸어가는 사람들이 발목을 잡기도 한다. 목표에 대한 합의와 규칙이 필요한 이유이다. 합의되지 않은 목표와 규칙은 시간에 대한 방향성을 잃게 만들고, 공동의 시간길을 걸어가는 것이 아닌 각자의 시간길을 걸어가게 한다. 개인도 마찬가지이다. 목표가 명확하지 않으면 주변의 유혹에 휘둘리게 마련이고, 그러다 보면 시간길의 방향이 바뀌기도 한다. 이것은 자신에게 주어진 시간에 대한 책임 있는 자세가 아니다.

■ 자기만을 위한 완벽주의

완벽을 추구하는 것은 과도한 시간과 자원 소비를 필요로 하게 된다. 중요한 것은 방향이지 그 길을 걸어가는 모든 것이 아니다. 실수할 수도 있고, 어떤 것은 빠뜨릴 수도 있다. 방향에 완벽하되, 그 길을 걸어가면서 남길 수 있는 실수에 집착하면 안 된다. 잘못하면 방향을 잃을 수도 있다. 적절한 기준과 방향을 설정하고, 충분히 좋으면 되지 완벽을 추구하면 안 된다. 세상에 완벽한 것은 없다. 자기만족일 뿐 다른 사람의 시간 희생을 수반할 수 있다는 점을 명심하기를 바란다. 적절하게 업무를 위임한다는 것은 불완전을 감수한다는 것이다. 완벽을 요구하거나 본인이 마지막에 완벽하게 수정하는 것은 오만이며, 리더십을 해칠 수 있다는 것을 기억해야 한다.

"Perfectionism is the voice of the oppressor, the enemy of the people. It will keep you cramped and insane your whole life."
"완벽주의는 억압자의 목소리이며, 사람들의 적이다. 그것은 당신을 평생 갇히고 미치게 만들 것이다."

—Anne Lamott

■ 가장 강력한 시간 도둑은 바로 자기 자신의 나태함이다.

　모두가 알고 있다. 모두가 목표와 계획을 세운다. 그러나 정작 실행하지 못한다. 시간은 유한하지만, 그 시간은 지나간다는 것을 모두가 알고 있다. 일부는 나의 의지대로 시간을 사용하지만, 생각보다 시간을 많이 남기고, 그 시간을 버린다는 사실을 모두 알고 있다. 그러면서 항상 후회한다. 지각해서 후회하고, 승진한 동료를 보고 부러워하며, 시간을 매우 계획적으로 사용하는 사람을 존경한다. 그러나, 정작 본인은 변하지 않는다. 자기 자신을 합리화하고, 그 상황을 합리화한다. 그러나, 자신의 시간길을 걸어가는 주인공은 바로 당신 자신이다. 그 누구도 대신 걸어줄 수 없다. 자신의 시간길을 걸어감에 있어 핑계는 있을 수 없다. 인정하고, 솔직해지고, 당당해야 한다. 시간은 유한하지만, 생각보다 시간이 많다. 그 시간을 자신의 나태함으로 인해 지나가게 하고, 지나가고 나면 후회하는 것이다. 필자 역시 수많은 회한이 있다. 그러나 지나온 길은 다시 소중한 기억으로 해석해 내고, 앞으로 남길 것을 위해 지금 책을 쓰고 있다. 지금이 남은 시간 관점에서 보면 가장 빠른 시간이다. 당신 시간의 가장 강력한 도둑은 바로 자기 자신이라는 점을 자각하기를 바란다.

※ 소셜미디어의 함정

부자는 숨겨진 본질, 즉 실체적 의미와 교훈을 보려고 한다. 빈자는 드러난 현상, 즉 외관을 보고, 자신과 비교한다.

길어진 시간, 피곤한 사회, 더 필요한 에너지. 이것이 현대 사회다. 고대 사회에서는 일출과 일몰에 맞춰 하루일과가 시작되고 끝났고, 밤에는 자연스럽게 휴식을 취하는 것이 일반적이었다. 그러나, 지금 시대에는 전기와 인공조명 덕분에 현대 사회에서는 밤낮 구분 없이 활동이 가능하다. 24시간 운영되는 시설(병원, 편의점 등)이 존재한다. 컴퓨터, 인터넷 등 기술의 발달로 굳이 만나지 않아도 의사소통이 가능해졌다. 고속도로, 터널, 다리를 건설하고, 배/비행기를 통해 다른 나라로도 쉽게 갈 수 있다. 이는 작업 시간과 장소의 유연성을 높여 사람들 간의 소통을 더 많이 자주 할 수 있게 했다. 이러한 소통은 사람들로 하여금 서로 다른 다양한 욕구를 가지게 하고, 편리해졌지만, 복잡하게 바뀐 측면도 있다.

가장 강력한 소통의 길이 생겼다. 바로 스마트폰이며, SNS이다. 커뮤니케이션이 원활해지고, 하루를 사는 시간이 늘어나고, 어디든 쉽게 이동할 수 있는 사회가 과연 더 행복한 사회라고 할 수 있을까? 생존을 위해 살았던 예전에 비교해서, 지금은 적어도 생존에 대한 걱정은 상대적으로 덜한 상황에서 분명히 더 행복감을 느껴야 한다. 그러나, 그렇지 않은 이유가 무엇일까?

2023년 세계 행복 보고서에 따르면, 대한민국의 행복지수는 137개국 중 57위를 차지했다. 대한민국은 세계 10위의 경제 대국이며, 1인당 GDP는 3.5만 달러로 고소득 국가이다. 그런데, 행복지수는 경제력만큼 상승하지는 않는다. 핀란드가 6년 연속 1위를 차지했는데, 그 이유 중 특이점은 "자기 행복을 자랑하지 않는 것", "사회적 비교가 심하지 않은 것", 사회적, 잠재적, 정신적 자유도가 높은 것"이라고 한다. SNS를 통해 가장 좋았던 1%의 삶을 자랑하고, 다른 사람은 그 1%가 90%인 것처럼 착각하고, 자신과 비교하여 불행해진다. 즉, 다른 사람의 1%의 삶과 자신의 모든 것을 비교하는 것이다.

■ 비교로 인한 자존감 저하

　SNS는 다른 사람들의 성공, 행복, 아름다운 외모 등 이상적인 모습을 주로 보여준다. 그러나, 검증 과정이 없다. 진실인지 알 수가 없다. 그러나, 사람들은 열광하고, 확산한다. 지나친 일반화의 오류를 범하게 한다. 세상에는 아름답고, 멋있는 사람만 있는 것으로 착각하게 하는 것이다.

　사용자는 이러한 모습을 자신의 현실과 비교하게 되며, 자기 삶이 상대적으로 부족하다고 느끼게 된다. 이는 자존감을 끌어내릴 수 있으며, 불안과 우울증의 원인이 될 수 있는 것이다. 미의 기준을 획일화한다. 아름다움의 기준을 외모로 점점 옮겨가게 하고, 다른 내적 아름다움을 보지 못하게 한다. 외모마저도 비슷한 모습을 추구하게 한다. 미(외관)의 기준 획일화는 자존감 저해와 성별 간 상호 혐의를 유발할 수도 있다.

　2023년 기준으로 명품시장 중 한국이 1위를 차지한다. 명품을 선호하는 이유 중 특이한 것이 명품이 사회적 지위를 대변한다고 생각한다고 조사된 바 있다. 또한, 연예인을 따라 하는 것도 주된 이유 중 하나라고 한다. 다른 국가는 소득 수준과 연동되어 명품 소비가 이루어지는데, 한국만 소득수준 대비 명품 소비 비중이 점점 증가하는 추세라고 한다.

　자신의 어제와 오늘을 비교하고, 내일로 방향을 맞춰야 한다. 좋은 것, 잘하는 것보다는 노력하고, 개선하는 것이 중요하다.

"There is nothing noble in being superior to your fellow man; true nobility is being superior to your former self."
"동료보다 우월하다는 것은 고상한 것이 아니다; 진정한 고상함은 이전의 자기 자신보다 우월해지는 것이다."

101

—Ernest Hemingway

■ FOMO(Fear of Missing Out)

FOMO는 '놓칠 것에 대한 두려움'으로, 자신이 무언가 중요한 일이나 흥미로운 활동에서 제외되고 있다는 느낌을 받는 심리적 현상을 의미한다. FOMO는 특히 SNS 사용과 밀접하게 연관되어 있으며, 젊은 세대에 많이 나타난다고 한다.

새로운 알림이나 피드백을 받을 때마다 도파민이 분비되어 쾌감을 느끼게 하고, 이로 인해 사용자는 계속해서 SNS에 머물게 된다. 이러한 반복적인 행동은 시간을 잊게 만들며, 결과적으로 사용자들은 자신이 얼마나 많은 시간을 SNS에 소비하고 있는지 깨닫지 못하게 된다.

다른 사람들의 일상을 들여다보고, 자기 삶과 비교하게 되고, 자신이 뒤처지고 있다는 불안감을 유발한다. 계속해서 최신 정보를 확인하려는 욕구를 느끼며, 지속적인 연결 상태를 유지하려고 한다. 인간은 본능적으로 사회적 소속감을 느끼는 것을 추구하는데, 다른 사람들이 무엇을 하고 있는지 아는 것이 이러한 소속감을 유지하는 데 중요하다고 생각하게 만든다.

FOMO는 불안과 우울증을 증가시키고, 수면 방해를 일으킨다. 집중력을 저하해 생산성을 떨어뜨릴 수 있는 것이다. 오프라인에서의 상호작용이 줄어들고, 온라인 상호작용에 지나치게 의존하게 되면서 대인 관계가 약화할 수 있다. 이는 결국, 건강을 악화시키고, 수명을 단축한다는 연구도 있다.

"Care about what other people think and you will always be their prisoner."

"다른 사람들이 생각하는 것에 신경을 쓰면 당신은 항상 그들의 포로가 될 것이다."

—Lao Tzu

■ 익명으로 인한 사이버 괴롭힘과 정보 과부하

익명으로 검증되지 않은 정보를 올린다. 소외된다는 느낌으로 확인한다. 그리고 상처받는다. 진실인지, 누구인지 알 수가 없다. 공격하기는 쉬워지고, 인식은 왜곡된 채 확산하며, 진실은 알릴 길이 없다. 사회적 인식을 한 쪽 방향으로 편향되게 하는 효과가 있다. 익명으로 댓글을 달 수 있다는 것은 책임을 회피할 수 있다는 것으로 해석될 수 있다. 익명성이 가짜 뉴스를 양산하여 집단 내에서 개인의 행동을 극단적으로 만들 수 있다. 나쁜 말들은 좋은 말보다 기억에 오래 남아 쉽게 확산하고, 또 다른 왜곡을 양산하여 집단 왜곡으로 발전되고, 이는 괴롭힘을 당하는 당사자뿐만 아니라 그 글을 읽고 동조하는 사람들로 하여금 집단행동을 유발하는 것이다. 말에는 책임이 따르고, 그 말이 사람을 살릴 수도, 죽일 수도 있다는 점을 명심해야 한다.

"Raise your words, not voice. It is rain that grows flowers, not thunder."
"목소리가 아니라, 말의 수준을 높여라. 꽃을 키우는 것은 천둥이 아니라 비다."

—Rumi

내가 원하지 않아도 나의 검색 기록을 바탕으로 추천을 해주며, 수많은 광고에 노출되어 있다. 이것은 나의 시간을 절약해 주는 측면도 있겠으나, 기본적으로 나의 시간을 침범하는 것이다. 필자도 뉴스봇을 통해 최근 정보를 얻고 있지만, 이것은 검색 시간을 단축하기 위한 것이지, 그 정보를 바탕으로 나의 시간과 감정을 더 소모하기 위한 것은 아니다. 자신의 시간은 남에게 맡기지 말고, 자신이 컨트롤해야 한다. 세상은 나의 시간을 빼앗기 위해 존재한다. 내가 컨트롤하지 않으면, 빼앗긴다. 나의 시간을 빼앗으려고 하는 것들의 힘을 역이용해서, 그들의 시간을 빼앗는 것이 현명한 대처 방법이다.

09

가진 것과 가지고 싶은 것

부자는 가진 것에 감사하고, 빈자는 덜 가진 것에 한탄한다. 부자는
5년 후 가질 것을 위해 노력하고, 빈자는 지금 가지지 못하는 것에
절망한다.

"Do what you can, with what you have, where you are."
"당신이 있는 곳에서, 당신이 가진 것으로, 당신이 할 수 있는 일을 하라."

—Theodore Roosevelt

오늘은 늘 새롭고, 사람들은 늘 새로운 시작을 한다. 어제의 하루
와 오늘의 하루는 다르며, 내일의 하루는 아직 오지 않았다. 내일은
또 다른 오늘이, 어제가 될 것이다. 늘 새로운 출발을 하기에 있어,
사람들은 자신이 무엇을 가지고 있고, 무엇을 원하는지, 가질 수 없
는 것을 원하는지 등에 대해 자각하지 못한 채 늘 일상을 반복하기
쉽다.

그래서 지금, 현재 우리가 새로운 출발을 하기 전에 이러한 현재
자신이 가지고 있는 것, 원하는 것, 그것을 얻기 위해 지금 무엇을

하는지 생각해 볼 필요가 있다. 자신이 가지고 있고, 가질 수 있는 내부 자원에 초점을 맞추어야 한다.

■ 모든 사람은 늘 새로운 시간을 지니고 있다.

다른 사람의 경험과 역사를 자신만의 것으로 재해석해야 한다. 다른 사람과 똑같이 하면, 절대로 그보다 뛰어날 수가 없다. 자신만의 방식으로 해석하고, 적용해야 한다. 남들과 같이하는 것보다 더 중요한 것이 바로 '남들과 다르게' 하는 것이다. 우리는 매일 잠을 자고, 새로운 하루를 선물 받는다.

■ 과거의 경험과 기억을 가지고 있다.

과거를 직시하고, 교훈을 찾아야 한다. 자신을 가장 잘 드러내는 것은 바로 자신의 과거이며, 그 결과가 현재라는 것을 인정해야 한다. 우울한 과거라 하더라도 이를 현재 시점에서 그 교훈 찾아내면, 훌륭한 자원이 될 수 있다. 과거는 현재의 나 자신이 미래를 내다보면서 재해석되는 것이다. 아픈 기억이라 하더라도 정면으로 마주하고, 그 소중한 의미만 찾아내야 한다. 이 경험과 기억은 자신만의 것으로 모방 불가능한 희소성을 가지고 있다.

■ 자존감을 높이고, 동기를 부여해야 한다.

자신만의 시간이고, 자신만의 방식이 있다는 믿음을 가져야 한다. 모든 사람은 다른 것이지, 우열이 있는 것이 아니다. 사람들이 그 어떤 사물에 매기는 가치는 다르며. 다른 사람이 내린 평가는 그의 관점이지, 가치는 저마다 다르다. 굳이 지금 이길 필요는 없다. 이순신 장군이 모든 전투에서 승리하였다. 이길 수 없는 싸움은 하지 않았고, 준비되지 않은 싸움은 하지 않았기 때문이다. 관찰하고,

연구하고, 준비해서 이길 수 있는 환경을 만드는 것이 중요하다. 매 순간 확실하게 얻을 수 있는 건 바로 학습이다. 지금의 경험은 나를 강하게 만드는 것이고, 실패하더라도 더 큰 성공을 하기 위한 초석이 된다는 확신을 가져야 한다. 남들이 1년을 보면, 당신은 3년, 5년을 보아야 한다. 사실 긴 인생을 놓고 보면, 성공과 실패를 판별하는 것은 특정 시점일 뿐이지, 그 성공과 실패는 영원히 지속되지 않는다.

■ 긍정의 힘을 믿고, 혼자만의 시간을 가끔 가져야 한다.

먼저 자신이 가지고 있는 것과 자신의 상황을 인정해야 한다. 가진 것에 감사하고, 지나온 시간에 앞으로의 시간이 남아 있음에 감사해야 한다. 하와이안의 신념을 기록한 〈호오포노포노의 비밀〉에서는 네 가지의 실천 법을 제시한다. 모든 상황에 대해 '미안합니다', '용서해 주세요', '감사합니다', '사랑합니다'라고 하는 마음을 가질 것을 추천한다. 모든 세상은 연결되어 있고, 모든 결과는 나 자신으로부터 유발된 것일 수도 있다는 겸손함을 가져야 한다. 나 자신을 바꾸면, 세상을 바꿀 수도 있다. 혼자만의 시간을 강제로 설정해야 한다. 최소한 1주일에 1시간은 스마트폰을 내려놓고 생각하는 시간을 가지는 것이 좋다. 정서적 안정을 찾고, 걸어온 시간길에 남긴 것을 돌아보고, 경험한 것에 대한 교훈을 찾아야 한다. 아인슈타인은 성공의 3법칙 중 마지막 법칙인 'Silence'가 가장 중요하다고 했다.

■ 지금 가지고 싶은 것, 5년 후 가지고 싶은 것을 구분하라.

지금 가진 것, 가질 수 있는 것, 5년 후 가지고 싶은 것을 구분해 생각해 볼 필요가 있다. 지금 가진 것으로 지금 가지고 싶은 것을 가지면, 과연 5년 후 가지고 싶은 것을 가질 수 있겠는가? 지금 가지고 싶은 것과 5년 후 가질 것을 모두 가질 수 있다면, 목표가 잘 못된 것이다. 5년 후 가질 것을 수정해야 한다. 지금 가지고 싶은 것에 집중하면, 가지지 못하는 현실이 힘든 현실일 수 있다. 그러나, 5년 후 가질 것을 생각하면, 지금 가진 것의 의미와 가치가 달라질 수 있다. 5년 후 가질 그 무엇을 위해 소유하지 않는 것이라는 이유와 명분을 가지게 된다. 이러한 습관이 계속해서 반복되면, 항상 그 다음 1년, 그다음 5년 후 가질 것을 생각하게 될 것이다. 이런 과정을 통해서 사람은 자신이 진정으로 원하는 것에 대한 본질에 가까워지며, 서서히 자신의 시간길에 남긴 것, 남길 것이 보이게 되고, 자신의 시간길이 점점 선명해지는 효과를 볼 수 있을 것이다.

■ 주변에 있는 것, 사람을 재정의하고 활용하라.

바로 내 주변의 모든 것은 스승이라고 생각해야 한다. 좋고 나쁜 것보다는 배울 점을 찾는 습관을 들여야 한다. 지나가는 가게 간판의 이름을 찾아보는 호기심, 모든 현상을 한 줄로 정리해 보는 단순화 노력, 아무런 편견 없는 관찰력. 이러한 학습의 툴을 무의식 세계에 장착하는 노력을 해야 한다. 저 사람은 왜 저렇게 행동하는지, 무엇을 위한 것인지, 그것을 얻으면 무엇이 좋아지는지 항상 생각해 보고 단순화시키는 습관이 필요하다. 세상은 복잡해 보이지만, 사실 지극히 단순하다. 필요한 용도는 명확하다. 형용사, 부사만 빼면 된다. '더'를 빼고, '좋은'을 빼면 된다. 남들과 다르게 행복하면 되지, 남들보다 더 행복할 필요는 없으며, 옷을 사면 되지, 남들보다 더 '좋은', '비싼' 옷을 살 필요는 없다. 자신의 어제와 오늘, 1년 후와 5년 후를 비교하면 되지, 남들과 나를 비교하면 안 된다. 가지고 싶은 것을 시차를 두고 바라보는 훈련을 해야 한다.

주변 사람과 SNS에 목적성을 부여해야 한다. 목적성을 가지고 SNS 활용하고, 주변 사람의 피드백을 받고, 멘토를 찾고, 벤치마킹 해야 한다. 다른 사람이 올린 글이나 사진에 내가 반응하기보다는 내가 얻고자 하는 것을 검색하고, 내가 원하는 질문들을 올려서 다른 사람이 그에 답을 하는 방식으로 SNS를 사용할 것을 권장한다. 내 삶을 수동에서 능동으로 바꿔야 한다. 지금은 내가 사람들을 찾아가지만, 나중에는 사람들이 나를 찾아오게 실력을 기르고, 인격을 갖추기 위해 지금 노력해야 한다.

"Do not spoil what you have by desiring what you have not; remember that what you now have was once among the things you only hoped for."

"가지지 않은 것을 바라면서 가진 것을 망치지 마라; 현재 가진 것이 한때는 바라던 것 중 하나였음을 기억하라."

—Epicurus

"만일 당신이 30억을 가지고 있다면, 고가의 명품을 살까?"

어느 30대 여성 관련 기사가 생각난다. 20대에는 그렇게 명품을 가지고 싶었지만, 코인 투자 등 투자가 잘 되어서 약 30억 정도의 부가 쌓이니, 명품에 관한 관심이 없어졌다는 기사를 본 적 있다. 부를 가지는 방법은 수만 가지이겠지만, 부자가 되면 오히려 겸손해질 수도 있는 것 같다.

"Beware of little expenses; a small leak will sink a great ship."

"작은 지출을 경계하라. 작은 구멍이 큰 배를 가라앉힌다."

—Benjamin Franklin

모든 사람이 지금 가진 최고의 자산은 바로 '시간'이다. 지켜야 할 것은 가지고 있는 돈일 수도 있지만, 가장 소중하게 지켜야 할 것은 바로 '지금부터의 시간'이다. 시간은 돈을 만들 수 있지만, 돈으로 시간을 만들 수는 없기 때문이다.

※ 주가드(Jugaad)

주가드(Jugaad) 문화는 인도의 독특한 문제 해결 방식을 의미하며, 창의성과 자원을 최대한 활용하여 효율적으로 문제를 해결하는 방법을 말한다. '주가드'라는 단어는 힌디어로 '임시방편' 또는 '즉석 해결책'을 뜻하는데, 단순히 임시방편에 그치지 않고, 제한된 자원으로 혁신적이고 효과적인 해결책을 찾아내는 창의적인 사고방식을 포함한다.

인도 정부와 기업들은 창의적 문제 해결과 혁신을 장려하는 정책을 펴는데, 그 기본 사상이 바로 주가드 정신이다. 다양한 지원 프로그램과 인큐베이터가 존재하여 주가드 정신을 바탕으로 한 혁신을 촉진한다. 이 문화는 역사적 지리적 환경, 변화하는 환경에 대해 유연성과 적응력과 어려운 상황에서도 긍정적인 태도로 발전했다. 단순한 임시변통을 넘어서, 창의적이고 지속 가능한 문제 해결 방식으로 발전하여 인도의 경제적, 사회적, 그리고 기술적 발전에 중요한 역할을 하는 것이다.

전기 없이 물의 증발 원리를 이용해서 흙과 물만을 이용해서 만든 미티쿨 냉장고, 스쿠터를 개조하여 트럭처럼 사용하는 자그리카, 자전거를 개조한 농업용 자전거펌프를 만들어 페달을 밟아 물을 끌어 올려 농업용수로 이용하는 것이 대표적인 사례이다.

많이 팔리지 않고, 판매 중단했지만 약 2,000달러짜리 타타 나노 자동차를 만들어 인도인들의 자동차에 대한 꿈을 해결하려고 한 시도도 바로 이러한 문화에서 기인한다.

주가드(Jugaad)의 주요 내용은 다음과 같다.

❶ 제한된 자원 활용: 효율적인 자원 사용, 저비용 솔루션
❷ 창의성과 혁신: 문제 해결의 창의적 접근, 혁신적인 사고
❸ 유연성 및 적응력: 상황에 맞는 적응, 임시변통의 수용
❹ 신속한 실행: 빠른 실행, 프로토 타입과 반복
❺ 공동체와 협력: 협력과 공유, 집단지성 활용

밝은 면, 어두운 면이 모두 공존하지만, 사람이 상황에 대처하는 태도를 잘 설명하는 문화라는 생각이다. 형식보다는 실질, 즉 기능을 추구하고, 혼자가 아닌 토론을 통해 집단지성을 끌어모으고, 자원을 탓하지 않고 가지고 있는 자원으로, 창의적인 방법을 찾아내고, 신속히 실행하는 것이다. 가지지 못한 것을 원망하고, 고정관념에 사로잡혔다면 문제 해결은 불가능한 것이다. 즉, 상황을 바라보는 관점과 태도가 문제 해결에 가장 중요하다는 것을 보여주는 좋은 예시이다.

"Be thankful for what you have; you'll end up having more. If you concentrate on what you don't have, you will never, ever have enough."

"당신이 가진 것에 감사하라. 그러면 더 많이 가지게 될 것이다. 가지지 않은 것에 집중하면, 절대 만족하지 못할 것이다."

—Winfrey, O

10
알고 있는 미래, 행동하지 않는 우리

부자는 미래를 위해 행동하고, 빈자는 미래에 대해 걱정한다. 부자는 5년, 10년 후를 바라보고, 빈자는 내일을 바라본다.

우리는 과연 미래를 모르는 것일까? 모른 척하는 것일까? 시대의 흐름은 알지만, 정작 자신의 미래는 모르는 것일까? 사실 우리는 많은 것을 알고 있다. 지나온 역사가 있기에 미래를 추정할 수 있고, 수많은 뉴스를 보면서 현재의 흐름을 통해 미래를 예측할 수도 있다. AI라고 하는 똑똑한 비서도 있고, 나를 대신해 운전하는 자율 주행의 시대도 곧 올 것이다. 사실 우리는 예전에 비해 많은 것을 알고 있고, 훨씬 빨리 배우며, 원하기만 한다면 모든 정보를 찾아낼 수도 있다. "시간은 편리함을 역행하지 않는다." 그러나, 사람들은 행동하지 않는다. 많은 사람이 다가올 미래를 알고 있지만, 적어도 나와는 상관없기를 바라거나, 막연한 걱정에 현재의 시간을 보내는 경향이 있다. 마치 오늘의 시간이 내일도 지속될 것처럼 행동한다. 이것은 자신의 시간길에서 멈춰있는 것과 같다. 그러나, 누군가는 행동한다. 사실 위치라는 것은 상대적이므로 다른 사람의 위치가 바뀌는 사실 나의 위치는 변한 것과 같다. 가만히 서 있다는 것은 변하지 않는 것이 아니라 사실 나쁜 방향으로 변한 것이다.

주식 투자도 동일하다. 클라우드, 전기차, AI의 시대가 도래되었다. 과연 우리가 이 시대가 올 줄을 몰랐던가? 수많은 증권사 리포트, 경제학자들의 강연, 언론 기사와 뉴스, 사실 모두 알고 있었다. 그러나, 사람들은 국내 주식 단기 투자를 좋아한다.

필자는 2015년부터 미래 주식을 사기로 했다. 테슬라, MS, AWS 등 소외 M7 주식을 사들이기 시작하고, 지금도 일부 보유하고 있다. 수익률이 상당히 높은 편이다. 지금은 하늘을 나는 택시를 만드는 회사 주식을 매달 조금씩 사 모으고 있다. 하늘을 나는 택시가 나오지 않으리라고 생각하는 사람은 없을 것이다.

우리는 모두 미래를 알고 있다. 지금 가지고 싶은 것과 5년 후 가지고 싶은 것도 알고 있다. 그러나, 현재에 머물고, 당장 가질 수 없는 것에 한탄하고, 미래의 변화에 대해 걱정만 하는 경향이 있다. AI가 직업을 대체할 것을 걱정하고, 내가 산 주식 가격이 떨어질 것을 걱정하고, 월급이 오르지 않는 것을 불평한다.

또한 사람은 가지고 있는 것을 잃을까 두려워한다. 잃어버릴까 봐 새로운 것을 가지기 위한 도전을 하지 않는다. 이것을 흔히 '손실 회피 편향'이라고 말한다. 가질 것에 대한 도전과 잃어버릴 것에 대한 두려움이 사람을 멈추게, 나아가지 못하게 하는 경향이 있다. 그래서, 미래에 대한 걱정만 한다. 현재 2권을 같이 준비 중인데, 자세하게 다뤄보고자 한다.

사람들은 알고 있는 것과 다르게 행동한다. AI 등 바꿀 수 없는 것을 걱정하기보다는 받아들이고 활용해야 한다. 지금 호재가 있는 주식보다는 미래를 만들 주식에 투자해야 한다. 회사에서 해고되더라도 다른 직장으로 쉽게 옮길 수 있는 실력을 기르고 경험을 쌓아야 한다. 가지고 싶은 것이 아닌 가진 것에 감사하고, 활용해야 한다. 이런 것들이 현재 할 수 있는 행동이다. 세상의 변화에 한탄하기보다는 그 변화를 받아들이고, 대응해야 한다.

미래는 바꿀 수 없지만, 적어도 나의 미래는 내가 만들 수 있다. 지금 가진 것으로 행동하기를 바란다. 미래를 맞이하는 것이 아니라, 스스로 길을 내면서, 미래를 만들게 될 것이다. 미래는 다가오는 것이 아니라 스스로 만드는 것이다.

당신의 시간에 대한 인식과 태도를 바꿔야 한다. 지켜야 할 재산이 아닌 투자로, 선택된 것이 아닌 선택한 행동으로, 다가오는 미래가 아닌, 스스로 만든 미래로 바꿔야 한다.

"We always overestimate the change that will occur in the next two years and underestimate the change that will occur in the next ten. Don't let yourself be lulled into inaction."

"우리는 항상 다음 2년 동안 일어날 변화를 과대평가하고, 다음 10년 동안 일어날 변화를 과소평가합니다. 행동하지 않도록 자신을 속이지 마세요."

—Bill Gates

11

순간에, 일상에 몰입하라

부자는 매 순간을 투자한다. 빈자의 투자 시간은 따로 있다. 부자는 매 순간 몰입하면서 일상에서, 살아가는 현장에서 배운다. 부자는 스스로 배우고, 빈자는 누군가의 가르침을 받는다.

사람이 가진 시간자산은 '현재', '지금 이 순간'밖에 없다. 과거는 지나온 길이고, 미래는 길이 없는 광야다. 지나온 길의 관성과 주변 사람들에 의해 이끌려서 가고 있다. 부자는 미래와 연결된 현재에 집중해서, 미래를 만들지만, 빈자는 다가올 미래를 걱정으로 현재의 시간길을 무겁게 걸어간다.

몰입을 경험해 본 적이 있는가? 게임을 할 때, 재미있는 영화를 볼 때 시간을 인식하지 못한다. 우리는 무엇인가 재미있는 일을 하거나, 시험과 같은 미래의 정해진 시간에 그것을 준비해야 하는 경우 시간이 매우 빨리 지나간다고 느낀다. 반대로 교도소에 있는 죄수들은 시간은 매우 느리게 흘러간다. 단조롭고 외부 자극이 없으면 스스로 활동을 제한한다고 한다. 기다리는 경향이 있다고 한다. 우리가 아무것도 하지 않고, 미래에 대한 걱정만 한다면, 아마도 죄수와 같이 시간이 느리게 가는 것을 경험할 것이다. 몰입할 거리가 없기 때문이다.

　몰입이론(Flow Theory)은 헝가리계 미국인 심리학자 미하이 칙센트미하이(Mihaly Csikszentmihalyi)에 의해 개발된 개념으로, 사람들이 어떤 활동에 완전히 몰두하고 있는 상태를 설명한다. 이 상태에서는 시간이 빠르게 흐르는 것처럼 느껴지며, 개인의 성취감과 만족도가 높아진다. 일상생활, 일, 학습, 스포츠 등 다양한 활동에서 경험될 수 있다. 반대로, 불안, 스트레스, 두려움 등 부정적인 감정은 시간이 더 천천히 흐르는 것처럼 느껴지게 한다. 감정 상태가 시간의 흐름을 왜곡시킬 수 있다.

　몰입 상태에 들어가기 위해서는 활동의 목표가 분명하고, 개인의 기술과 활동의 도전 수준이 균형을 이룰 때 발생한다. 도전이 너무 크거나 작으면 몰입 상태에 도달하기 어렵다.

　몰입 상태에서는 외부 환경과의 단절이 일어나며, 집중력이 극대화되어 시간이 빨리 흐르는 것처럼 느껴지게 한다. 완전히 몰두하게 되어, 자신이 그 활동과 하나가 된 것처럼 그 자체로 즐거움을 느낀다.

　자신만의 시간에 집중해야 한다. 1년이 아닌 5년 뒤 미래를 설정하고, 현재를 연결해야 한다. 그리고 현재에 몰입해야 한다. 일상생활에 몰입해야 한다. 억지로 시간을 내어 배우는 것보다 일상에서 배워야 한다. 모든 순간의 일상 자체가 스승이며, 가르치는 것을 배우는 것이 아니라 찾아서 배우는 습관을 들여야 한다. 주변에는 생각보다 우리가 모르는 것이 많다. 그러나, 쉽게 알 수 있다. 그러나, 알아보지 않는다. 시간에 대한, 미래에 대한 목적이 없기 때문에, 현재에 몰입할 거리가 없는 것이다.

■ 관심과 호기심이 몰입의 순간으로 이끈다.

궁금한 것, 모르는 것을 지금 바로 찾아보는 습관을 말한다. 영어로 된 약어의 풀 네임을 찾아보고, 가게 간판의 의미를 찾아보고, 말을 하기보다는 다른 사람의 행동과 표정을 관찰하고, 그 패턴과 이유에 대해 궁금증을 가지는 것. 이러한 일상 속의 작은 습관들이 현재 순간에 몰입하게 하는 것이다. 다른 사람이 가진 것보다는 행동, 말, 표정, 패턴을 관찰하는 것이 중요하다. 비교는 학습의 적이다.

"We won't be distracted by comparison if we are captivated with purpose."
"목적에 사로잡혀 있다면 비교에 산만해지지 않을 것이다."

—Bob Goff

몰입한다는 것은 무의식의 세계에 강력한 학습 의지를 장착한다는 것이다. 5년 후 도달할 목표 의식이 명확해야만 가능하다. 의식적으로 배우는 것보다 무의식적으로 시작된 호기심을 의식적으로 찾아보는 것이 기억에 더 오래 남는다.

"It's not that I'm so smart, it's just that I stay with problems longer."
"내가 그렇게 똑똑한 것이 아니라, 단지 문제에 더 오래 몰두할 뿐이다."

—Albert Einstein

■ 마인드 셋

시간은 지켜야 할 재산이 아닌 투자를 통해 재산을 만들어야 하는 가장 소중한 자산임을 스스로 각인시켜야 한다. 시작하기 늦은 시간은 없으며, 다가올 날 중에서는 오늘이 가장 빠른 날이다. 투자하지 않는 시간은 전부 소비하는 것이다. 다른 사람을 위해 자신의 시간이 사용되는 것임을 깊게 인식해야 한다.

■ 동기부여

어제의 나와 오늘의 나를 비교하고, 오늘이 내일을 만든다는 것을 명심해야 한다. 비교하는 것은 발목을 잡는 일이고, 발전을 추구하는 것은 시간을 소비가 아닌 투자로 바꾸는 가장 좋은 방법이다. 가장 좋은 투자 효과는 '배움이자 학습'이다. 이것을 얻지 못하는 시간은 전부 소비된 것으로 생각해야 한다. 일에 대한 자유는 시간에 대한 자유를, 그리고 돈에 대한 자유를 준다. 가장 먼저가 일에 대한 자유이다. 그러면 시간과 돈을, 독립을 얻을 것이다. 모든 시간은 당신을 중심으로 돌아갈 것이고, 당신의 시간당 생산성은 복리로 불어날 것이다. 언젠가 이미 부자가 된 자신을 발견할 것이다.

■ 무의식에 호기심을 장착하여 학습하는 방법

의식이 아닌 무의식에 학습 의지와 호기심을 장착해야 한다. 지금 보고, 듣고, 경험하는 것으로부터 학습해야 한다. 가장 좋은 스승은 '배움에 대한 의지'이고, '주변에 대한 관점'이다. 가장 좋은 방법은 '관찰'이다. 사람들의 행동 패턴을 관찰하고, 소통하는 방식을 관찰하면 어느 순간 겸손해지고, 매 순간 배우고 있는 자신을 발견할 것이다. 이것이 부자의 시간 투자 방식이다.

"Wisdom is not a product of schooling but of the lifelong attempt to acquire it."

"지혜는 학교 교육의 산물이 아니라 평생 얻고자 하는 노력의 산물이다."

—아인슈타인

12

무엇이 나의 시간을 통제하는가?

부자는 자신만의 방식으로 규칙을 재해석하고, 규칙을 만든다. 빈자는 규칙을 받아들이고, 불평하면서도 규칙을 따른다.

나의 시간을 통제하고, 그 순간 나의 행동을 결정하는 것은 무엇인가? 왜 나는 아침 9시까지 사무실에 도착해야 하고, 녹색등에 길을 건너고, 꽉 막힌 도로를 운전하면서 출근하는가? 무엇이 나의 선택을 결정하는가? 나는 왜 내가 가진 것이 아닌 다른 사람이 가진 것을 보고 부러워하며, 자존감을 해치면서 시간을 보내는가?

자기만의 시간길을 만들면서 걸어가고 있는데, 이쪽으로 오라고, 그쪽으로 가면 안 된다고 하고, 나는 왜 그런 말을 듣고 나의 방향을 정하는지 생각해 볼 필요가 있다. 부모의 꿈, 자식의 생각이 다름에도 서로서로 강요하면서, 이끌고, 이끌려 다니며 걸어가고 있다. 과연 그 길이 매끈한 도로이겠는가? 울퉁불퉁한 비포장도로이겠는가?

모든 사람은 다르다. 살아온 역사가 다르고, 만들어질 역사가 다르다. 그런데, 남들이 추구하는 것을 강요받고, 선택당하면서 어떻게 보면 남들이 정한 역사의 길을 우리는 걸어가고 있는지 모른다.

저마다 걸어가는 방향이 다르기에, 신호등 같은 규칙이 없다면, 서로 충돌하고, 상처받고, 앞으로 나아가지 못하기 때문에, 규칙은 필요하다. 그러나, 사실 규칙과 기준이 너무 과도하고, 획일적인 부분이 너무나 많다.

점수를 높게 받아야 좋은 학교에, 그리고 좋은 직장을 얻는다. 부자의 기준은 통장 잔고 30억 이상이다. 결혼하고, 자녀를 낳으면, 돈을 준다. 최저 임금을 정한다… 너무나 규칙과 기준이 많다. 누군가는 규칙을 정하고, 누군가는 따른다. 부자들은 이러한 규칙에 질문을 던지고, 재해석한다. 부자는 스스로 통제하고, 다른 사람들은 누군가의 통제를 받는다.

"정말로 저 규칙이 나에게 꼭 필요한 규칙일까?"

"저 규칙을 따르면, 진정으로 성공하고, 행복하게 될 것인가?"

사회는 본질, 저 멀리 보이는 등대와 같은 미래에 도착할 목적지에 도착하는 과정에 대한 규칙을 너무나 잘게 규정한다. 목적지는 따로 있고, 마치 그 과정이 목적지인 것처럼 규정하고, 평가한다. 또 다른 과정을 만들어, 마치 그 과정을 거치지 않으면, 다음 과정으로, 결국 목적지에 도착하지 않는다는 식으로 포장하고, 강요한다.

원래 성공이라는 것은 추상명사와 같다. 성공은 상대적이고, 남들보다 더, 상위 몇 %라고 하는 범주를 만들어 그 안에 들어야만 성공한 것이라고 성공의 형태를 만들기도 한다. 그러나, 성공이라는 것도 하나의 과정이다. 사람들이 왜 돈을 벌려고 하는가? 돈은 중요하지만, 본질은 그 돈으로 이룰 '어떤 가치'이다.

① 부자들은 과정이 아닌 궁극적 도달점, 본질을 본다.
② 그 본질에 도달할 모든 과정과 규칙을 재해석한다.
③ 이 과정을 통해 지켜야 하는 규칙은 온전히 받아들인다.

④ 잘못된 규칙은 없애고, 자신만의 규칙을 스스로 만든다.

이 과정을 통해서, 자신의 시간을 통제하는 모든 규칙, 기준들을 스스로 받아들이고, 새로운 규칙을 만들게 되는 것이다.

① 비교의 기준을 타인이 아닌 자신의 과거와 미래로 설정한다.
② 시간을 내어 배우는 것이 아니라 일상에서 매 순간 학습한다.
③ 주기적으로 혼자만의 시간을 통해 방향성을 점검한다.

이런 식의 자신만의 규칙을 정하는 것이다. 왜냐하면, 자신의 시간길은 그 누구도 대신 걸어줄 수 없고, 모든 사람은 다르고, 그들의 규칙은 내가 정한 규칙이 아니기 때문이다.

온전한 자기 의지로 사용하는 시간은 하루 중 몇 시간인가? 자신의 시간을 이분법적으로 분리해서 점검해 볼 필요가 있다. 컨트롤할 수 있는 것과 없는 것을 본질적 관점에서 재분류해 보자.

① 컨트롤할 수 없는 것은 온전히 받아들여야 한다.
② 컨트롤할 수 있는 것에 집중해야 한다. 자원은 제한적이다.
③ ①번 안에서도 컨트롤할 수 있는 것을 찾아내야 한다.
④ 미래에 ①번을 ②번으로 바꾸겠다는 의지를 가져야 한다.
⑤ 결국 ①번을 줄이고 ②번을 늘리는 노력을 해야 한다.

이분법적으로 구분하는 습관은 개인의 정신 건강과 전반적인 삶의 질 향상에 중요한 역할을 한다. 특히, 요즘같이 잘게 쪼개져서 복잡한 세상에서 살아가는 데 있어서 하나의 기준을 잡아서 세상을 해석해 내는 것은 많은 왜곡을 유발할 수 있다.

진실을 추구하지 않고, 소외되는 것을 두려워하며, 방향과 목적보다는 과정에서 만나는 수많은 비교에 광분한다. 컨트롤할 수 없는 것에 흥분하고, 정장 컨트롤할 수 없는 것에 집중하지 않고, 집중하지 못하는 이유를 찾는다.

시간은 유한하다. 컨트롤할 수 있는 시간에 집중함으로써 자신의 실력, 대인 관계 등 활동 범위를 늘려 컨트롤할 수 있는 범위를 넓히는 데 집중해야 한다. 이 범위는 선택권과 직결된다. 부자들의 범위와 빈자들의 범위는 아주 다르다. 그러나, 영원한 것은 아니다.

부딪히는 상황들은 나의 선택이 아니며 거부할 수도 없지만, 그에 대한 반응은 선택할 수 있다. 그 상황에 어떻게 반응할지에 대한 기준을 정해야 한다. 그 상황을 컨트롤할 수 있는가? 없는가? 이것이 기준이다.

"It's not what happens to you, but how you react to it that matters."
"중요한 것은 당신에게 일어나는 일이 아니라, 당신이 그것에 어떻게 반응하는가이다."

—Epictetus

컨트롤할 수 없는 것은 나의 시간과 노력을 투입해서 해결될 가능성이 적거나, 시간이 너무 많이 걸리는 것으로 요약할 수 있다. 예를 들어, 꽉 막힌 도로에서 교통체증에 불평하는 것은 컨트롤할 수 없는 것에 집착하는 것이다. 반대로 그 시간 동안 내가 할 수 있는 것에 집중하면, 그것에 감사할 수도 있는 것이다.

Make the best use of what is in your power, and take the rest as it happens."

"우리가 통제할 수 있는 것을 최선을 다해 사용하고, 나머지는 그대로 받아들여라."

—Epictetus

모든 사람은 자신의 시간에 들어오는 모든 것을 자신의 통제하에 두고 싶어 하고, 통제의 범위와 선택권을 넓히는 다양한 시도를 한다. 자신의 통제권을 넓히기 위해 돈과 권력을 가지기 위해 많은 노력을 하는 것이다.

상관없는 회의에 참석하기도 하고, 필요 없는 교육을 받기도 한다. 이것은 통제할 수 없는 시간이다. 그러나, 필자는 그 시간에 다른 것을 한다. 관찰하고, 사람의 행동 방식에 대한 경험적 역량을 기르고, 마음속으로 학습한다. 서로서로 주고받는 말들을 마음속에서 영어로 번역해 보기도 한다. 그 시간은 컨트롤할 수 없지만, 그 시간을 채우는 내용물은 얼마든지 자신이 채울 수 있고, 선택할 수 있다. 소중한 시간이다.

"Man is not worried by real problems so much as by his imagined anxieties about real problems."
"인간은 실제 문제보다는 그 문제에 대한 상상의 불안감에 더 많이 걱정한다."

—Epictetus

제3장

시간길에서 만나는
사람들, 상황들

부자들은 다른 사람의 모든 상황을 기회라고 생각한다. 빈자들은 모든 상황을 자기에 대한 도전이라고 생각한다. 또, 부자들은 좋은 태도가 자신의 미래를 만든다고 생각한다. 빈자들은 자기의 능력이 능력의 대가, 돈을 만든다고 생각한다.

나의 시간, 남의 시간

부자들은 시간의 힘을 믿고, 빈자는 권력의 힘을 믿는다. 부자는 시간을 한 방향으로 모으고, 빈자는 시간을 분산한다. 나의 시간, 남의 시간. 누구의 시간이 더 소중한가? 상사의 시간, 부하직원 시간. 누구의 시간이 더 소중한가? 시간에 대한 인식과 남의 시간에 관한 생각이 태도를 결정한다. 시간에 대한 태도가 인격을 형성하고, 사람의 향기를 결정한다.

지금까지 자신의 시간에 대한 인식을 주제로 다루었다. 그렇다면, 다른 사람과 그 사람의 시간에 대해서는 어떤 태도를 보여야 하는 것일까?

각자의 시간길에서 사람을 만난다는 것은 우연을 제외하고는 무언가 목적이 있는 만남일 것이다. 목적이 있는 만남에는 각자의 시간이 투자된다는 것이며, 투자했으면, 각자의 시간을 줄여주던가, 배움을 얻어 실력을 얻는 등 시간당 가치가 늘어나야만 그 만남의 가치가 있는 것이다.

직장생활을 할 때, 문제 해결을 위해서 회의를 한다고 가정해 보자. 그 회의에는 크게 3가지의 구성이 있다.

① 해결해야 할 문제
② 회의 상대방 그리고 그의 시간
③ 나와 나의 시간

일주일 뒤에 문제 해결에 관해 회의한다고 하자. 다른 사람의 시간은 다음과 같은 사항을 고려할 필요가 있다.

① 그 시간 동안 나눌 주제를 준비했을 시간
② 그 시간 이후 연결될 각자의 시간
③ 그 시간 이후 각자의 시간길을 걸어갈 각자의 감정 상태

상사, 동료, 부하직원들이 모여 회의를 한다.
"자 회의 시작합시다. 오늘 말하려고 하는 내용이 무엇이죠?"
상사가 질문을 하자, 자료를 작성한 막내가 자료를 설명한다. 그리고 서로서로 질문을 하고, 의견을 교환하기 시작한다. 시간이 흘러간다.
"이 자료는 미흡한 점이 많은데, 왜 이런 식으로 자료를 작성했는지 모르겠네요, 김 차장님, 당신은 이 자료를 한번 검토했나요?"
김 차장은 이렇게 말한다.
"다른 급한 업무가 있어서, 미처 챙겨보지 못했습니다. 죄송합니다. 다시 정리해 보겠습니다."
이런 회의는 그 회의 자료를 준비한 막내의 시간을 무시한 것이다. 또한 그 회의를 통해 문제가 해결된 것은 아무것도 없으며, 오히려 자료 수정이라고 하는 또 다른 숙제와 다음 회의라고 하는 또 다른 시간소비가 일어날 것이다. 마지막으로 그 회의 이후에 잃어

버린 시간에 대해 감정적 흥분으로 2차 시간소비가 일어날 것이다. 이것은 시간을 상호 존중하는 것이 아닌, 소모하는 회의다.

어떤 외국계 회사는 회의 시간을 30분 단위로만 책정하고, 회의는 대부분 팀즈 등으로 이루어지며, 기록이 남는다고 한다. 그 기준을 위반한 사람들은 나중에 소명의 대상이 될 수 있다고 한다. 상당히 효과적인 제도라는 생각이 든다.

2025년 사업계획 관련 CEO 보고자료를 만든다고 가정하자. 상사는 업무를 잘 모르지만, 회의에 참석해서 보고해야 하고, 할당된 시간은 약 5분, 1페이지 보고라고 가정하자.

그 5분 발표를 위해, 우리는 몇 번을 회의하는가? 몇 장의 자료를 만들고, 수정하고, 챌린지 받는가? 1장을 위해 소비되는 몇백 장의 종이, 수많은 첨부 자료, 동원되는 수많은 사람, 그들의 시간, 그들의 감정 상태 그리고, 짧은 5분 발표… 무엇이 남는가?

약간의 과장은 있을 수 있지만, 이것이 현실이다. 이런 식의 보고 자리를 만든 사람은 회사의 시간 자원을 잘 활용하지 못할뿐더러, CEO의 시간만 소중할 뿐, 다른 사람의 시간은 소중하다고 생각하지 않는 사람이다. 또한 5분 발표를 위해, CEO의 질문이 나왔을 때 모든 것을 완벽하게 답변하기 위해 수많은 사람의 시간을 동원한 상사도 자신의 5분이 소중하지, 다른 사람의 시간은 무시하는 것이다.

그리고 발표 당일 5분 발표, 질문에 잘 답한 것에 안도하고, 그러지 못한 사람은 절망한다. 5분 발표를 위해 희생된 수백 시간의 가치는 어디로 사라진 것일까? 보고를 잘하기 위해 희생된 시간은 그 보고로만 끝나고, 연결되지 않는다. 증발한 시간이다.

회사가 가진 자원 중에서 가장 중요한 것이 바로 모두의 시간이다. CEO의 시간이 중요하다. 그러나, 과하다. 필자도 3번째 직장을 다니고 있지만, 그 정도의 차이만 있을 뿐 방식은 다르지 않다.

만일, 회사가 시간가치에 대한 교육을 정기적으로 했다면, 문화가 많이 달라질 것이다. 그러나, 이런 교육에는 잘 투자하지 않는 것 같다. 상사는 자신의 시간은 소중하고, 부하직원의 시간은 소중하지 않다고 생각하기 쉽다.

그러나, 시간이라고 하는 자원 관점에서 보면, 이는 효율적인 시간관리가 아니며, 당연히 시간당 생산성은 떨어진다. 상사든, 부하직원이든, 임원이든 다른 사람이고, 다른 시간이다. 상사는 직원들의 시간을 존중할 줄 아는 사람이 되어야 하고, 그래야 실력으로, 인격적으로 존경받는다. 그렇지 않다면, 그런 사람은 회사 차원에서 보임을 해제하는 것이 바람직할 것이다.

회의 자료를 읽어보고 회의에 참석하라고 하면 회의 참석 전에 스스로 자료를 확인하고, 질문 사항이나 해결 방법에 대해 미리 생각하고 참석해야 하기 때문이다. 그러나 이것이 정상이고, 이것이 서로의 시간을 존중하는 것이다.

이것은 회의를 관장하는 사람의 인격이다. 회사는 이런 회의를 유도하는, 아니 강제하는 것이 시간당 생산성을 늘리는 것이다.

① 회의의 취지와 배경을 설명하고, 목적을 미리 알려준다.
② 자료를 작성하고, 미리 메일로 자료를 공유한다.
③ 각자 그 자료를 읽어본 후 회의에 참석할 것을 공지한다.
④ 자료의 형식보다는 본질을 중심으로 토론한다.

이렇게 회의가 진행되면, 각자의 시간은 소모된 것일까, 아니면 학습의 기회가 된 것일까? 서로의 시간을 존중한다면, 위와 같은 형식으로 회의가 진행될 것이다. 회의 자료를 준비하는 시간, 그 회의를 하는 시간, 그리고 그 이후의 시간이 값질 것이다. 좋은 시간은 서로 연결되어 상승작용을 하여, 결국 시간당 생산성이 높아지는 것이다.

"Respect other people's time, and they will respect yours."
"다른 사람의 시간을 존중하라, 그러면 그들도 당신의 시간을 존중할 것이다."

—Jay Samit

■ 시간을 존중하는 습관은 경청하는 습관도 만들어 준다.

회의의 시작과 끝을 명확하게 준수하는 문화를 정착하게 되면 모두가 시간 관리자가 될 것이다. 하고 싶은 말을 하기보다는 들어야 할 소리를 시간 내에 들어야 하므로 모든 대화가 본질에 가까워지고, 각자의 시간이 목표를 향하도록 방향을 일치화시키는 효과도 있다. 그래서, 시간당 생산성이 높아지는 것이다.

대규모 단체 회의, 정기 회의는 더욱더 시간을 소모하게 된다. 공통된 주제를 다루지 못하고, 자신이 하고 싶은 이야기를 할 가능성이 높아진다. 특정 주제 없이 회의하기보다는 차라리 차 한 잔과 함께 담소를 나누는 것이 훨씬 나을 것이다. 왜냐하면, 적어도 시간을 빼앗긴다는 생각은 덜 하기 때문이다.

■ 파워의 크기는 시간의 크기나 가치를 의미하는 것이 아니다.

고용자와 피고용자, 상사와 부하직원의 파워 크기는 다르다. 그러나, 그들의 시간마저 우월한 것은 아니며, 시간의 크기는 동일하다. 만들어 내는 가치의 종류가 다르기 때문에, 비교하면 안 된다. 부모가, 상사가 다른 사람의 시간을 함부로 대하면 어떻게 되겠는가? 자신의 시간을 빼앗긴 것에 대한 반발이 생길 것은 자명한 일이다.

■ 한 공간에 있어도 우리는 모두 다른 시간을 가지고 있다.
크고 작은 시간은 없으며, 다른 시간을 가지고 있을 뿐이고, 각자의 시간 동안 역할을 부여하고, 다른 일을 하는 것이다. 목표를 달성하는 방법은 타인의 시간을 관리하거나, 잡아먹는 것이 아니라, 사람들의 시간에 방향을 부여하고, 방향을 관리하는 것이다. 각자의 시간 동안 한 일을 점검하고, 간섭하는 것은 방향을 흐트러뜨리는 것임을 명심해야 한다.

■ 시간을 존중하는 습관은 사람을 겸손하게 만든다.
부모와 자식, 상사와 부하직원 등 그 어떤 상황에서도 동일하다. 두 명 이상이 만나서 무언가를 하고, 일정 기간 같은 시간길을 걸어간다고 하더라도, 서로의 시간을 감독하거나, 관리할 권리는 없다는 것을 인정하면, 다른 사람 앞에서, 그의 시간에 대해 겸손해지게 되는 것이다.

■ 시간을 존중하는 것은 시너지를 창출한다.
나의 1시간, 각자의 1시간이 모여 그 합보다 훨씬 큰 효과를 발휘하게 된다. 시간에 대한 존중은 서로에게 신뢰를 쌓게 하여, 모든 아이디어나, 정보를 공유해도 나의 시간이 훼손되지 않는다는 믿음을 서로 가지게 한다. 이렇게 되면, '집단지성'이 발휘된다.
집단지성, 공유의 힘… 이런 것들로 인해 전체가 부분의 합보다 커지는 것이다. 자신의 시간이 존중받지 않는다는 느낌이 들면, 아무도 말하지 않을 것이다. 단지, 그 시간이 빨리 끝나기를 기대할 뿐이다. 10명이 모여 공통적인 주제로 논의할 사항이 아니라면 회의는 안 하는 것이 좋다. 개별 주제는 1:1로 하고, 공통 주제가 있을 때만 회의하는 습관을 들일 것을 추천한다.

필자는 공지 사항을 전달할 때를 제외하고는 전체 회의를 하지 않는다. 정기 회의는 아예 없다. 필요할 때마다, 소수만 다른 방식으로 회의를 한다. 차를 마시기도 하고, 술이나 점심을 먹으면서 회의를 하기도 한다. 상황에 맞는 방식으로 회의를 하고 있다.

■ 시간 준수는 인격과 평판을 형성한다.

약속 시간에 일찍 도착하는 사람, 아슬아슬하게 도착하는 사람. 상대방의 시간을 존중하는 사람들은 대체로 약속 시간에 일찍 도착한다. 상대방이 기다리는 상황, 즉 상대방의 시간을 빼앗지 않기 위함이다. 왜 지각을 하는 것일까? 바로 자신의 시간을 빼앗긴다는 생각 때문일 것이다. 필자도 거의 모든 약속 시간 15분 전에 도착하는 습관이 있다. 심지어 매일 1시간보다 더 일찍 사무실에 출근한다.

사람들은 일찍 도착해서 할 일이 없기 때문에 자신이 기다리는 시간을 빼앗긴다고 생각하는 경향이 있다. 그러나 남의 시간이 소중하고, 시간에 대한 인상이 그 사람의 인격과 평판을 형성한다고 생각한다면, 일찍 도착해서 그 시간 동안 할 일을 찾는 것이 나을 것이다. 시간 준수는 최소한의 예의이기 때문이다. 리스크를 가질 필요가 없으며, 작은 시간을 활용하는 습관을 기르는 것이 훨씬 효과적인 시간 사용법이 될 것이다.

■ 시간을 기준으로 주변 모든 활동을 해석해 봐야 한다.

이렇듯 시간에 대한 인식은 정말로 다양한 형태의 행동 방식으로, 상대방에 대한 태도로 나타나게 된다. 주변에서 일어나는 모든 활동, 약속에 대한 반응들 모든 것을 시간 기준으로 해석해 볼 필요가 있다. 많은 것을 생각하게 할 것이다. 시간을 기준으로 모든 것을 해석하고, 다른 사람의 시간을 존중할 줄 아는 사람은 부자가, 인격자가 될 가능성이 높다. 다른 사람의 시간을 무시하는 사람은 '시간 폭격기'라는 별명을 얻을 것이다.

"It takes 20 years to build a reputation and five minutes to ruin it. If you think about that, you'll do things differently."
"명성을 쌓는 데는 20년이 걸리지만, 이를 망치는 데는 5분이면 충분하다. 이를 생각하면, 당신은 다르게 행동할 것이다."

—Warren Buffett

① 시간을 기준으로 모든 행동을 돌아볼 것
② 타인의 시간과 나의 시간, 시간 시너지를 목적으로 할 것
③ 그 시간을 다음 시간의 행동으로 연결할 것
④ 나의 시간을 양보하되, 그 시간을 채울 그 무엇을 찾을 것
⑤ 모든 시간에 의미를 다르게 부여할 것
⑥ 시간비용(포기된 시간에 이룰 것)을 계산할 것

■ 나의 시간을 통제하는 사람과 보내는 시간에서 배우는 것

내가 선택할 수 없는 시간에 놓인 사람들도 있다. 교도소의 죄수, 포로수용소, 수업 시간, 근무시간 등 시간 선택의 자유가 제한된 시간 동안 상대적으로 시간에 대한 가치를 가볍게 느낄 수 있다. 그러나, 그 시간에 의미를 부여하면 태도가 달라진다.

나를 힘들게 하는 상사, 자신의 꿈을 강요하는 부모 등 나의 시간을 존중하지 않는 사람과 생활할 수밖에 없는 상황에 놓이는 경우도 있다. 그러나, 그 자체에도 그 어떤 이유가 있다고 생각하고, 그

시간의 가치를 발견한다면 그리 힘들지 않은 시간일 수도 있다.

   그 누구도 나의 시간을 대신할 수 없고, 침범할 수 없다. 내 시간이 존중받지 못하고, 시간을 보상하지 않으며, 스스로 그 시간에 의미를 찾아야 한다. 살아가면서, 소중하지 않은, 이유 없는 시간은 없다.

"In some ways suffering ceases to be suffering at the moment it finds a meaning, such as the meaning of a sacrifice."
"고통이 의미를 찾는 순간, 예를 들어 희생의 의미를 찾는 순간, 고통은 더 이상 고통이 아니다."

—Frankl, V. "Man's Search for Meaning."

02

서로에게 우리는 '사람'인가, '상황'인가?

부자들은 늘 새로운 만남을 추구하고, 그들로부터 배운다. 빈자들은 익숙한 만남을 추구하고, 그들과 함께 즐긴다.

태어나서 제일 먼저 만난 '이상한 부모', 나인 줄 모르고 낳았을 '나 자신' 서로에게 우리는 무엇인가? 사실 서로를 모르기 때문에 막연한 신기함이 첫인상일 수도 있다. 무섭게 생긴 상사, 어리바리한 신입사원. 서로 선택하지 않았다. 그러나, 길고 짧은 시간을 함께 보내야 한다. 서로의 시간길에서 나란히 걸어가는 것이다.

태어난 것도 아빠와 엄마 둘이 만난 사랑의 결실이다. 태어난 후 우리는 누군가와 관계하면서 살 수밖에 없다. 학교에 가면 친구를 만나고, 직장에 가면 상사를 만나고, 고객사에는 또 다른 사람들이 있다. 이런 사람 중 내가 선택할 수 있는 사람들이 과연 몇이나 될까?

필자의 생각으로는 온전한 자신의 의지로 선택하는 경우는 없다고 본다. 왜냐하면, 만남을 선택할 수 있을지 몰라도, 그 관계는 상호작용, 서로의 노력으로 형성되기 때문에, 나의 선택이라고 할 수 없다.

이런 측면에서, 사람이 사람을 만나는 것은 자신의 선택이 아닌, 주어지는 상황으로 받아들이는 편이 낫다. 즉, 모두에게 서로의 존재는 '사람'이기 보다는 '상황'에 가까운 것이다.

■ 모든 사람은 '사람'이지만, 타인을 만나면 '상황'이 된다.

고유의 시간길을 걸어가지만, 혼자 걸어가는 것이 아니기 때문에 서로 교차할 수밖에 없다. 일정 거리는 누군가와 함께 걸어갈 수밖에 없는 것이다. 이럴 때, 우리는 서로에 대해 가지는 첫인상이 무엇일까? 두려움과 경계심일 것이다. 파워가 있는 쪽은 그 어떤 기대일 수 있지만, 힘이 약한 쪽은 두려움이 먼저 다가올 것이다. 이 경우, 그 상사는 '두려움', '경계의 대상'이지, 사람이 아닐 수 있다. 그저 주어진 상황에 어떻게 대응할지 고민의 대상일 것이다

■ 모든 사람이 부딪히는 가장 큰 상황은 바로 '다른 사람'이다.

잘 모르는 사람을 만나면 경계심이 가장 먼저 다가올 것이다. 부딪히는 사람 중에서 내가 가장 먼저, 가장 힘이 없는 순간에 부딪히는 사람이 바로 부모이다. 그리고, 교육을 받을 시기를 만나는 사람이 스승이고, 사회에서 독립적인 생활을 시작할 때 부딪히는 가장 첫 번째 사람이 바로 입사 후 만나는 상사이다. 부모인 '나 자신'은 자식에게 '좋은 상황'인가? '나쁜 상황'인가? 신입사원 처지에서 가족을 떠나, 정식으로 관계를 형성하기 시작하는 회사에서 처음 만나는 상사는 그에게 어떤 상황인가?

■ 우리 모두는 서로에게 '어떤 상황'이 된다.

'나 자신'이라고 하는 존재 자체는 고유한 존재이지만, 다른 사람에게는 그 존재 자체가 '거부할 수 없는 상황'이 된다는 점을 분

명히 기억해야 한다. 내가 만나는 사람이 나보다 강한 사람일 수도, 약한 사람일 수도 있다. 내가 함께하는 '타인'이라는 상황을 선택할 수 없듯이, '나 자신'이라고 하는 사람은 상대방 입장에서는 거부할 수 없는 '상황'이 될 수 있다는 점을 명심해야 한다.

'나 자신'은 상대에게 '강한 사람'인가 '약한 사람'인가? 나는 그에게 '좋은 상황'인가, '나쁜 상황'인가? 좋은 상황'이 되기 위해 노력하는가? 여기에서 인격이 나온다. 내가 강한 위치에 있을 때, 나의 시간은 소중하고, 다른 사람의 시간을 무시한다면, 나는 그에게 나쁜 상황이 될 것이다. 그의 시간을 무시할 수 있는 파워를 가지고 있음에도 불구하고, 상대방의 시간을 존중하는 사람에게는 존경이라고 하는 타이틀이 붙는다.

'나 자신'은 파워의 유무와 관계없이 상대방의 상황이 된다고 생각하면, 서로에게, 서로의 시간에 겸손해진다. 이러한 사실을 인식하고 있는 사람들의 성향은 평상시 성격이나 행동으로 나타나게 되고, 배려심이 높은 사람, 자상한 사람, 예의 바른 사람 등으로 표현된다. 이런 사람들은 자신이 타인에게 부정적인 상황이 될 수 있다는 점을 알고, 좋은 상황이 되기 위해 노력하는, 늘 겸손한 사람으로 표현될 것이다.

나는 과연 다른 사람에게 좋은 '상황'인가 생각해 봐야 한다. 부모도 자식에게는 '나쁜 상황'이 될 수도 있다. 돌아봐야 한다.

'불편한 사람'이라는 상황에 부딪히면, 어떻게 해야 하는가?

모든 상황이 좋을 수는 없다. 그러나, 그 상황도 나의 긴 시간길에 한번은 만나야 하는 것일 수 있으며, 소중하지 않은 시간은 없으니, 그 의미를 추구하려고 하는 생각이 중요하다. 사람은 좋은 상황에서도, 나쁜 상황에서도 자신의 의지에 따라, 관점에 따라 반드시 배울 점을 찾을 수 있다. 상황에 집중하지 말고, 그 상황에서 배울 점을 찾는 노력을 해야 하는 것이다.

■ '좋은 상황', '나쁜 상황'은 구분이 없고, 좋게 만들면 된다.

적어도 배움의 관점에서는 그렇다. 그저 새로운 상황이 있고, 그 어떤 상황에서도 반드시 무엇인가를 남기겠다, 배우겠다는 의지를 가지는 습관이 중요하다. 기나긴 시간길에서 한번은 만나야 할 사람을, 상황을 만났을 뿐이다. 그곳에 배움이 있다.

① 만나야 하는 사람은 만날 수밖에 없으며, 다 이유가 있다.
② 좋은 사람, 나쁜 사람은 없으며, 모두 다 배울 점이 있다.
③ 그의 상황을 파악하고, 나의 상황을 알리면서 서로 배운다.
④ 서로의 파워의 크기보다는 서로의 시간에 집중해야 한다.
⑤ 상대가 바뀌기를 바라면 상대의 상황, 즉 나를 바꿔야 한다.

기본적으로 사람을 선택할 수 없다는 점을 인정해야 한다. 설령, 지금은 선택할 수 있는 파워를 가지고 있다고 하더라도, 그 파워는 시간이 지나면서 변한다. 5년 후에도 그 파워가 유지된다는 자만심을 버려야 한다. 지금 가진 파워로 할 수 있는 일이 아닌, 지금 가진 파워로 상대에게 남길 시간의 흔적, 기억에 집중해야 한다.

이런 생각은 사람을 겸손하게 만든다. 힘의 세기보다는 서로의 시간을 존중한다는 것은 그 힘으로 상대에게 남길 기억의 흔적이 크다는 말이다. 그 흔적은 상대방에게는 지울 수 없는 커다란 상처로, 기억으로 남을 수도 있다. 시간길에서 만난 사람들은 언젠가는 헤어지게 되어 있다. 같이 걸어간 기간 동안 어떤 기억을 남길 것인지를 항상 염두에 둬야 한다.

강한 사람이 약한 사람을 지배할 것인가? 강한 사람이 약한 사람을 강하게 할 수 있는 선물을 할 것인가? 누군가의 시간이 나를 향하도록 할 수 있다는 것은 나의 시간을 확장할 수 있는 측면도 있다. 그러나, 누군가의 시간을 내가 사용한다는 관점에서 보면, 책임이 따르는 법이다.

■ '사람'이라고 하는 상황 자체를 바꾸는 것은 불가능하다.

사람은 변하지 않으며, 다른 사람으로 바꾸는 것도 엄청난 스트레스를 수반하게 마련이다. 더 나은 사람을 만난다는 확신이 없기 때문에, 지금 옆에 있는 사람을 떠나지 못한다. 일종의 '손실회피편향'이 발동된다. 그래서, 그 사람을 더 이해하려고, 그 사람의 상황을 살펴보려고 노력하는 것이 중요하다. 이 과정에서 내가 상대방의 상황을 이해하게 되고, 나의 상황을 바꿔야 한다는 사실을 깨닫게 된다.

변화의 출발점은 '나' 자신이 주변 사람에게 어떤 '상황'인가 하는 점을 살펴보고, 인식하는 것에서 시작된다. 그래야, 1+1이 2 이상이 될 수 있다. 변화가 시작되고, 가속된다.

■ 변화의 출발점은 바로 나 자신.

영국 웨스트민스터 성당의 어느 주교의 묘비명이다.

내가 젊고 자유로워서, 상상력에 한계가 없었을 때,
나는 세상을 변화시키겠다는 꿈을 가졌었다.
그러나 좀 더 나이가 들고 지혜를 얻었을 때,
나는 세상이 변하지 않으리라는 걸 알았다.
그래서 내 시야를 좁혀, 내 나라를 변화시키겠다고 결심했다.
그러나 그것 역시 불가능한 일이었다.

황혼의 나이가 되었을 때 나는 마지막 시도로,
나와 가장 가까운 내 가족을 변화시키겠다고 마음을 정했다.
그러나 아무도 달라지지 않았다.

이제 죽음을 맞이하기 위해, 누운 자리에서 문득 깨닫는다.

만일 내가 내 자신을 먼저 변화시켰더라면,
그것을 보고 내 가족이 변화되었을 것을.

그것에 용기를 얻어, 내 나라를 바꿀 수 있었을 것을.
그리고 누가 아는가, 세상도 변화되었을지!

03

서로 다른 그릇의 모양과 크기(인정과 포기)

부자는 다양성을 추구하고, 빈자는 동질성을 추구한다. 부자는 차이로부터 배우고, 빈자는 유사성에 위안받는다. 이러한 유사성으로 인해, 달라지는 것을 두려워한다. 부자는 자신을 변화시키고, 빈자는 타인의 변화를 기대한다.

사람들은 저마다 다른 모양과 크기의 그릇을 가지고 태어난다. 서두에서 말한 일종의 마차 모양과 크기, 그리고 색깔이 다른 것이다. 이러한 마차를 끌고 자신의 시간길을 형성하면서 각자의 시간길을 형성되는 모습은 점점 더 견고해진다.

그러나, 우리는 시간길이 교차하면서, 다른 사람의 그릇을 만나게 된다. 짧은 순간이라 하더라도, 만나고 경험하는 과정에서 서로서로 다름에 대해 느끼게 되고, 모양을 맞추기도 하고, 다름에 부딪히기도 한다. 이러한 과정에서 저마다의 고유성은 더 단단해지게 된다.

사람은 저마다 다르다. 같은 사람은 단 한 명도 없다. 이러한 다양성에 대해 우리는 어떻게 반응해야 하는 것일까?

경계하는 사람, 이해하려고 하는 사람, 인정하려고 하는 사람. 그 모습은 다양하게 나타난다. 다름을 서로서로 인정해야 한다. 존중해야만, 존중받는다. 온전히 인정해야만 제대로 볼 수 있다.

사람의 행동과 생각을 지배하는 것은 두 가지의 결합에 의해 나타난다. 그것은 바로 자신과 자신이 처한 상황이다. 자신이 처한 상황 중 가장 큰 상황이 바로 옆에 있는 그 누구, '사람'이다. 반대로 그에게 '나'는 그 어떤 상황이 된다. 그래서, 사람은 누구를 만나느냐에 따라 서로 생각과 행동이 달라지는 것이다.

■ 행동 방식=자기 자신×처한 상황, 환경(옆에 있는 사람)

둘이 만나서 함께 생활할 수밖에 없는 환경이 주어진다고 가정해 보자. 규칙에 대한 합의와 역할 정의가 필요하다. 주어진 공동의 목표가 주어지기도 한다. 그런데, 그 합의와 목표를 위해서 작용해야 하는 것은 나 자신과 타인일 것이다. 만일 둘이 걸어가면서 하나의 목표를 향해 나아가야 한다면, 두 사람은 어떻게 해야 나아갈 수 있겠는가?

① 각자의 위치에서 서로의 입장을 이해하려고 노력한다.
② 서로를 인정하고, 필요한 부분들로 새로운 그릇을 만든다.

이해는 인정과 다르다. 이해는 자신의 위치는 움직이지 않은 채 그의 행동을 이해하려고 하는 것이다. 반면, 인정한다는 것은 이해가 필요 없고, 다름을 인정하고, 목표를 향해 필요한 부분만 담아 새로운 형태의 결합을 만들어 내는 것이다. 이해하려 하지 말고 있는 그대로를 받아들여야 가능한 것이다.

"It is not our differences that divide us. It is our inability to recognize, accept, and celebrate those differences."

"우리를 분열시키는 것은 우리의 차이가 아니다. 차이를 인식하고, 받아들이
며, 예찬할 수 없는 우리의 무능력이다."

—Audre Lorde

■ 인정한다는 것은 존중이자, 한편에서는 포기다.

필요한 부분은 담고, 필요하지 않은 부분은 버린다는 것으로 해
석되어, 포기라고 할 수도 있다. 포기라는 말이 부정적으로 보일 수
있지만, 포기를 해야 그 다름이 보인다. 그래서, 볼 수 있고, 그 다름
의 의미와 가치를 볼 수 있게 된다.

이해는 자신의 관점에서 해석하는 것이고, 인정은 상대방의 관점
이 되는 것이다. 사회, 문화적 판단 기준들이 있다. 또한 힘의 크기
가 있다. 자신의 모양을 받아들일 것을 강요하는 것이다. 자신의 관
점에서 다른 사람의 행동과 생각을 해석하고 평가한다. 그러나 다
름은 옳고 그른, 좋고 나쁜 평가의 대상이 아니다.

만일, 나 자신의 지위가, 부모이고 상사라고 가정해 보자. 만일,
그 사람이 자신의 그릇 안으로 자식, 부하직원이 들어올 것을 강요
한다면, 어떻게 되겠는가? 두 개의 그릇이 모두 깨질 가능성이 크
다. 인정하게 되면, 서로의 그릇의 모양은 동그란 모양이 되게 하
고, 이 과정을 통해 그릇의 크기도 커지게 마련이다.

사람은 변하지 않는 '상수'이다. 이 말은 서로가 서로에게 '상수'
가 될 수 있다는 말이다. 내가 상대방이 변하기를 바란다는 것은
'상수'가 '변수'가 되기를 바라는 것과 같다.

변하지 않는 상수인 '상대방'에 집중해야 하는가? 아니면, 나 자
신을 포함한 상대방의 행동 조건, 상황을 살필 것인가?

그에게 상황인, 변수인 '나 자신'이 바뀌면, 그의 행동은 변화하

는 것이다. 결국, '나 자신'이 변화의 출발점이라는 점을 다시 인식해야 한다.

신입사원에게 숙제를 낸 적이 있다. 돈이 한푼 없는 상황에서 부모와 소고기를 먹는 방법이다.

① 사달라고 조른다. 사람에게 집중하는 것이다.
② 부모가 먹고 싶게 만든다. 부모의 상황을 조작한 것이다.

실수를 반복하지 말라고 한다. 실수를 반복한 사람을 비난한다. 그런데, 나는 상대방이 실수하지 않게 무엇을 했는가?

① 실수를 한 사람을 질책한다. 사람에게 집중하는 것이다.
② 실수한 조건을 파악, 변화를 준다. 상황을 바꿔준 것이다.

사람에게 집중하면, 실수는 반복된다. 실수한 조건을 살피고 변화를 주어야 한다. 즉, 상황을 바꿔준 것이다.

'변하지 않는 사람'에 집착할 것인가. 아니면, 그 사람 주변에 있는 '나 자신'을 둘러싼 많은 '상황들', '조건'에 집중할 것인가?

모든 출발점은 그 상황을 받아들이고, 나를 포함한 상대방의 조건들을 살피는 것이다. 이것이 문제 해결의 출발점이다. 변하지 않는 사람인 '타인'에 집중하지 말고, 타인에게 상황인 '나 자신'에 집중하기를 바란다. 나는 타인은 변화시킬 수는 없어도, 나 자신을 변화시킬 수는 있다. 자신의 그릇 모양을 바꾸고, 크기를 키우는 데 집중하기를 바란다.

"To conquer oneself is the best and noblest victory; to be vanquished by one's own nature is the worst and most ignoble defeat."

"자신을 정복하는 것이 최고의 고귀한 승리이다; 자신의 본성에 의해 패배하는 것은 최악의 비천한 패배이다."

—Plato

04

피할 수 없는 상황, 선택 가능한 반응

"Everything can be taken from a man but one thing: the last of the human freedoms—to choose one's attitude in any given set of circumstances, to choose one's own way."

"사람은 모든 것을 빼앗길 수 있어도 빼앗길 수 없는 단 한 가지. 인간 최후의 자유는 어떤 상황에서도 자신의 태도를 선택할 자유, 자신의 길을 선택할 자유이다."

—《죽음의 수용소에서》, 빅터 프랭클

살아가면서, 마주치는 수많은 사람과 상황은 선택할 수 없다. 그러나, 그 상황에 대한 반응, 태도는 결정할 자유가 있다.

거부할 수 없는 상황에 부딪혔을 때, 어떻게 반응하는가?

문제가 발생했을 때, 나타나는 반응은 크게 보면 두 가지로 나뉜다. 문제를 해결하려고 하는 사람과 문제의 원인을 찾으려고 하는 사람이다. 어떻게 보면, 시간길을 걸어가다 보면 사람을, 상황을 만날 수밖에 없다. 이것은 거부할 수 없다. 그러나, 그에 대해 반응하는 모습은 저마다 다른 것이다. 이것을 바라보는 방식이 바로 흔히 말하는 '태도'인 것이다. 작용이 있으면, 반작용이 있다. 작용은 나의 선택은 아닐지 몰라도, 반작용은 나의 선택일 것이고, 어떤 반작용을 하는가에 따라 많은 것이 달라진다.

먼저, 부딪히는 상황, 문제에 대해 정의할 필요가 있다.

① 긴 시간길에서 부딪히는 상황은 끊임없이 다가온다.
② 우리는 이러한 상황과 문제를 풀면서 살고 있다.

문제는 계속 반복된다. 사람들은 문제를 풀면서 살고 있다. 이것이 핵심이다. 인생에서 풀어야 할 문제가 100문제라면, 한 가지 문제가 틀렸다고 해서 좌절할 이유가 없다. 100점짜리 인생이 없는 것과 같다. 틀리더라도 문제는 풀고 넘어가야 한다. 절대 돌아갈 수 없다. 왜냐하면, 비슷한 문제는 반복되기 때문이다.

① 지금의 문제는 수많은 문제 중 하나라는 것을 직시할 것.
② 문제 자체를 직시하고, 정의하고, 의미를 부여할 것.
③ 문제는 사람과의 관계에서 생기며, 그래서 해결 가능하다.
④ 문제는 반복되기 때문에, 틀려도 좌절할 필요가 없다.

어린 시절 가난과 학대를 이겨내고 미디어 거물이 된 오프라 윈프리, 27년간의 감옥 생활 이후 남아프리카 대통령이 된 넬슨 만델라, 자신이 공동 창업한 애플에서 해고되었지만 다시 복귀하여 세상을 바꾼 스티브 잡스, 5130번의 도전 끝에 진공청소기를 만들어낸 제임스 다이슨 등 너무나 많은 사례가 많다.

어느 사업가가 "당신의 성공 비결은 무엇인가요?"라고 물었을 때, 사업가는 이렇게 말한다.

"태도는 비행기와 같습니다. 비행기가 고도를 높이기 위해서는 상승 기류가 필요합니다. 마찬가지로, 긍정적인 태도는 우리의 인생을 높이 날게 해줍니다. 비행기가 하늘 높이 날아오르려면 외부의 상승 기류가 필요한 것처럼 우리의 삶에서도 긍정적인 태도가 중요한 역할을 합니다. 긍정적인 태도를 유지하면 우리는 더 높은 목표를 향해 나아갈 수 있으며, 도전과 장애물을 극복할 수 있습니다."

"Do not judge me by my successes, judge me by how many times I fell down and got back up again."
"나를 성공으로 판단하지 말고, 몇 번이나 넘어졌지만 다시 일어섰는지로 판단해라."

—Mandela, N.

1) 수많은 문제 중 하나일 뿐이다

문제에 대한 당신의 첫 번째 반응은 무엇인가?

"It's not what happens to you, but how you react to it that matters."
"무슨 일이 일어났는가가 중요한 것이 아니라, 그것에 어떻게 반응하느냐가 중요하다."

—Epictetus

확실한 동기부여를 해야 한다. 문제 하나 푸는 것에 불과하다. 살아가는 동안 수많은 문제를 받게 되는데, 이번 상황은 가장 어려운 문제 중 하나이며, 이 문제를 해결하면 남은 문제가 하나 줄어든다고 생각해야 한다. 그래서, 문제를 풀 수 있는 기회에 심지어 감사해야 한다. 어차피 올 문제는 반드시 오기 때문이다.

사람들은 서로 다른 시간의 길을 걸어가고 있으며, 그 시간길에서 부딪히는 상황은 서로 다른 생각과 목적을 가지고 있기 때문에 이해가 상충하는 것처럼 보이기도 하고, 같은 방향에 서 있기도 한다. 사람들의 시간길은 거미줄처럼 얽혀있어 부딪히지 않을 수 없다. 살아가면서 수많은 문제가 생길 수밖에 없고, 그 문제는 해결하고 넘어가야 하지 피할 수는 없다. 왜냐하면, 문제는 반복적으로 발생할 수밖에 없기 때문이다.

■ 문제를 받아들이는 자세가 중요하다. 작은 봉우리일 뿐이다.
문제는 풀어야 의미가 있는 것이지, 피하는 것은 소용없다. 또한 피한 문제는 언젠가 다시 다가온다. 산 정상으로 가기 위해서는 작은 봉우리들을 넘어야 하는데, 그 작은 봉우리들이 지금 마주한 문제라고 생각해야 한다. 이 봉우리들을 넘지 못하면, 산 정상에 절대 도달할 수 없다. 작은 봉우리를 넘지 못하고, 돌아가면, 그다음 봉우리는 더 높은 법이다.

■ 모든 문제는 끝까지 간다. 중간에 멈추는 법이 없다.
일종의 '감기'와 같은 것이다. 한번 걸린 감기는 중간에 멈추지 않고 끝까지 간다.
우리가 먹는 감기약은 일종의 통증을 완화해 줄 뿐이다. "감기에 걸리면 차라리 술을 먹어 빨리 가게 하여, 기간이라도 단축할 수 있는 것 아니냐."라는 농담을 하곤 했다.

■ 문제의 패턴은 비슷하다.

문제는 사람 사이에서 일어나며, 이 문제를 푸는 과정은 사람 자체를 이해하고 인정하는 과정이기도 하다. 문제에 많이 부딪히고, 풀어가는 과정에서 사람에 대한 두려움을 없애는 효과도 생긴다. 차분해지고, 겸손해지며, 지혜를 얻게 될 것이고, 사람들이 모이는 효과를 느낄 수 있을 것이다. 당신은 1만 명을 상대할 힘을 가지게 될 것이다.

2) 문제 자체를 해석하고, 정의하다

"A problem well stated is a problem half-solved."
"문제를 잘 정의하는 것은 문제를 반쯤 해결하는 것이다."

—Kettering, C.

사회에서의 문제는 복잡하다. 사람들이 연결되어 있고, 그 사람들의 이해관계가 다르다. 심지어, 이러한 진짜 이해관계는 잘 드러나지도 않는다. 따라서, 문제가 발생하면, 문제를 둘러싼 배경을 먼저 파악하고, 상호 간의 이해관계를 파악하는 것이 가장 중요하다.

필자도 영업 팀장으로 13년 이상 재직하고 있다. 얼마나 많은 문제를 만나고, 해결하면서 지내온 듯하다. 실로 헤아릴 수 없는 문제에 부딪혔다. 고객, 내부 부서, 가족, 상사, 동료, 부하직원 등 같은 생각을 하는 사람은 없다. 구체적인 사례를 후속으로 출간될 책에서 자세하게 서술해 보고자 한다.

시험 문제와는 다르게, 사회에서의 문제는 일정 시간이 있다. 심지어 몇 년 걸려 해결되는 문제도 있다. 시간이 해결해 주기도 하는 것이다. 시간이 지나면서, 서로의 감정 상태나 이해관계가 달라지기도 하기 때문이다.

대체로 아래와 같은 것들이 문제를 명확하게 파악하는 것이다.

① 문제 자체를 있는 그대로 수용하고, 객관화 관점을 무장.
② 문제들 둘러싼 이해관계 정의 및 객관화
③ 진행되어 온 과정에 대한 이해, 근거 확인
④ 그 문제로 인해 파급되는 연결성을 확인
⑤ 지금 내가 할 수 있는 것과 불가능한 것을 분류
⑥ 그 문제 해결에 대한 의미와 가치 부여

문제를 있는 그대로, 최대한 객관적으로 받아들여야 한다. 모든 문제는 연결되고, 양면이 있다. 빛과 어둠이 있듯이, 나에게 불리하면 누군가에게는 유리하게 된다. 긍정의 출발점은 다양한 측면을 정확하게 직시하고, 관찰하고, 받아들이는 것으로부터 시작된다. 모든 가치는 상대적이듯이 절대적으로 유리하고 불리한 환경은 없다고 생각하고, 그 상황을 해석해 내는 것이 태도의 출발점이 되는 것이다.

지금 내가 할 수 있는 것에 집중해야 한다. 사람들은 대개 불리한 상황이 생기면 앞으로 어떻게 될 것인지, 어떻게 해야 하는 것인지 등 그 상황 다음을 예측하는 경향이 있다. 일어나지 않은 일에 에너지를 쏟지 말고, 현재에 내가 할 수 있는 것에 집중해야 한다. 이것이 미래를 바꾸는 힘이며, 문제를 해결하는 열쇠이다.

"Man is not worried by real problems so much as by his imagined anxieties about real problems."

상황을 다양한 관점에서 해석해 내야 한다. 또한 그 상황이 가진 의미와 가치를 부여해야 한다. 시간을 투입할 가치가 없거나, 해결하는 데 시간이 너무 많이 소요될 때는 시간에 그 문제를 맡겨버리는 것도 좋은 해결책이 될 수도 있다. 모든 면, 입체적 관점에서 문제를 직시해야 한다 그래야, 제대로 본다. 한쪽 면만 보고는 제대로 보지 못한다. 사람이 부딪히는 문제는 지나온 역사가 있고, 다른 사람이 있다. 이들의 입장에서 문제를 바라보면, 그 문제의 형체를 완성할 수 있을 것이다.

3) 모든 문제는 해결된다

모든 일은 해결 가능하다. 지금이 아니더라도, 언젠가는. 문제는 언제나 다시 온다. 지금 해결 못해도, 다시 그 문제가 올 때는 풀 수 있는 역량을 기르고, 준비해야 한다.

이순신 장군은 23전 23승으로 역사상 가장 위대한 해군 장교 중 한 분이다. 어떻게 23전 23승인가? 바로 이길 수 있는 싸움만 했기 때문이다. 이 말은 이기기 위해 치열한 준비를 한다는 것이며, 수많은 정보를 모으고, 전략을 수립하고, 무기 개발 등 이길 수 있는 환경과 구조를 갖추었기 때문이라고 한다.

역사가 반복되듯이 인생의 시간길에서 부딪히는 상황은 다시 부딪히게 되어있다. 지금 피한 상황은 언젠가 다시 부딪히게 되어있다. 내가 그 자신을 피할 수 있다는 생각을 버려야 한다. 지금의 상황을 피할 수는 있다. 그러나 그것은 전략적인 회피라야 하며, 반드시 그 회피에 대한 이유와 교훈이 있어야 한다.

지금은 내가 피하더라도 준비를 해서 다음에 똑같은 상황에 부딪힌다면, 해결할 것이라는 상황을 주도할 것이라는 목표와 전략적 판단이 있어야 한다. 진정한 패배는 이미 질 것을 알고 있으면서도 덤비는 무모함과 그다음 싸움을 준비하지 않는 것이다. 걱정하기보다는 지금 할 수 있는 것을 하는 것이 중요하다.

"Start by doing what's necessary; then do what's possible; and suddenly you are doing the impossible."
"필요한 일부터 시작하라. 그런 다음 할 수 있는 일을 하라. 그러면 어느새 불가능한 일을 하고 있을 것이다."

—Francis of Assisi

당장 해결하려고 덤비기보다는 차근차근 시간을 가지고 준비해야 한다. 이것이 이기는 전략이다. 불가능은 없다는 자신감, 굳이 지금 해결해야 한다는 강박관념이 아닌, 언젠가는 해결하겠다는 장기적 안목과 철저한 노력으로 모든 문제는 해결되는 것이다. 도저히 풀지 못할 것 같은 문제는 시간이 해결해 줄 것이다. 문제 해결에 있어 시간 활용은 필수 요소이다.

이 세상에서 해결 불가능한 문제는 없다. 적어도 사람 사이에서 일어나는 일들에 대해서는 두려움과 자기방어 본능으로 인한 도전을 주저하기 때문이지, 불가능은 없다. 사람들은 대개 자신을 방어하는 데 많은 시간을 소모한다. 자신을 방어한다는 것은, 자신의 시간길을 걸어가면서, 부딪히는 상황들을 회피하는 것과 같다. 영어식 아재 개그인 줄 모르겠으나, 'Impossible'을 분리해 보면, 'I'm possible'이라는 말도 있다.

우리는 어릴 적 아무것도 할 수 없었다. 늘 새로운 상황을 맞이하면서, 문제를 풀어왔다. 즉, 우리는 원래부터 풀 수 있는 역량을 타고 나지는 않다는 의미로 유추될 수 있다. 다만, 부딪히면서, 서서히 자신감을 가지게 되고, 복잡한 문제일수록 먼저 부딪히고, 그러다 보면, 모든 문제는 단순하다는 것을 깨닫게 되는 것이다. 한 가지를 풀 수 있는 역량을 갖추게 되면, 그다음에는 늘 다른, 더 어려운 문제를 만나게 되어있다.

50대인 나에게 다가오는 문제가, 20대의 그 누군가에게는 불가능한 문제로 보이게 마련이다. 지금의 나는 불가능해 보이던 문제를 해결해 왔기 때문에 존재하는 것이다.

"The only limit to our realization of tomorrow will be our doubts of today."
"내일을 실현하는 데 있어서 유일한 한계는 오늘의 의심이다."

—Franklin D. Roosevelt

시간길을 걸어가면서, 그 걸어가는 속도, 즉 시간당 남기는 역사는 점점 많아진다. 그러다가, 은퇴 후 속도가 갑자기 느려진다. 그래서, 50대에 시간이 가장 빨리 간다고 느끼는 것이다. 젊었을 때는 힘든 문제들이 왔다면, 나이가 들면서는 점점 더 어려운 문제에 부딪히고, 시간당 처리해야 할 문제가 많기 때문이기도 하다. 그동안 시간길을 달려온 속도를 서서히 줄여야 하는 시기이기도 하다. 2~30대는 문제를 풀어가면서, 50대를 향해 달려간다. 어떤 50대를 맞이할 것인가는, 지금 당신이 하고 있는 일, 부딪히고 있는 문제가 그 해답을 줄 수도 있는 것이다.

모든 상황 중 인생 관점에서 의미 없는 사건 사고는 없다. 그 의미는 세월이 지난 다음 인식되기도 한다. 현재는 과거의 투영이지만, 언제나 재해석되기 때문이다. 마지막 해결책, 시간이 해결해 주는 경우도 많다. 피하지 말고, 계속해서 의미를 찾아내고 부여하면 언젠가는 시간이 해결해 줄 것이다. 해결되면, 그 상황에서 고민했던 것들이 모두 인생의 교훈과 명언을 말할 수 있는 실력을 갖출 것이라고 믿어야 한다.

"Between stimulus and response, there is a space. In that space is our power to choose our response. In our response lies our growth and our freedom."

"자극과 반응 사이에는 공간이 있다. 그 공간에는 우리의 반응을 선택할 힘이 있다. 우리의 반응 속에 우리의 성장과 자유가 있다."

—Frankl, V. "Man's Search for Meaning."

4) 다른 방식으로 접근하라

다른 사람이 하는 방식을 따라 하면, 어떤 차이가 있는가? 주관식 문제에 대해 답이 비슷하면, 어떻게 채점하겠는가?

인정하고, 받아들이고, 동기를 부여하고, 문제를 정의하고, 연결된 의미를 찾고, 해결 가능하다는 신념을 가졌다면, 문제는 90% 해결된 것이나 다름없다. 그렇다면, 가장 중요한 마지막 10%는 무엇일까?

바로 자기만의 독창성이다. 혼을 쏟아야 한다. 혼을 쏟아야 온전히 내 것이 된다. 그래야, 더 큰 문제가 오더라도, 그 문제에 대한 담대함이 생긴다. 요행은 반복되지 않는다. 스스로 해결해야 한다는 책임감을 가져야 한다. 자신의 시간길에 부딪힌 문제이기 때문이며, 다음에도 같은 문제, 더 어려운 문제를 맞이할 확률은 100%이기 때문이다.

나는 무엇이 다른가에 대한 끝없는 질문을 해야 한다. 이러한 질문은 스스로 차별화할 것이다. 이러한 과정에서 자신만의 독창성을 발견하게 된다. 어떻게 남들과 다르게 할 것인가? 어떻게 하면 나를 매력적으로 보이게 할 것인가? 이런 질문들을 계속하다 보면, 어느덧 깨닫게 된다. 나는 나만의 시간길을 걸어왔고, 나만의 독창성은 이미 가지고 있었다는 것을. 남들과의 유사성을 추구함으로써 자신의 독창성을 죽이고 있었던 자신을 발견하게 된다.

"Insanity is doing the same thing over and over again and expecting different results."
"같은 방식을 반복하면서 다른 결과를 기대하는 것은 미친 짓이다."

—Albert Einstein

사람들의 시간길은 저마다 방향이 다르고, 걸어가는 주체의 생각과 원하는 것이 다르다. 지금 같은 공간에서 같은 방향을 바라고 있는 사람들도 저마다 다른 생각을 하면서, 걸어가고 있다. 어쩌면, 자기만의 방식을 서로에게 강요하면서, 함께 살아가는 것은 아닐까?

필자는 기업 영업을 하면서, 수많은 제안을 했고, 지금도 수행 중이다. 영업사원들에게 매일 '무엇이 당신을 매력적으로 만드는가, 바로 남들과 다름을 증명하는 것이다'라는 말을 하곤 한다. 문제 인식, 소통, 해결, 그리고 그 후 모든 과정에서 독창적인 프로세스를 구축하라곤 한다. 추후 다른 책에서 이러한 수많은 사례를 정리해 보고자 한다.

"When you change the way you look at things, the things you look at change."
"당신이 사물을 보는 방식을 바꾸면, 당신이 보는 사물도 변한다."

—Dyer, W. The Power of Intention

5) 고무공과 회복 탄력성

"Success is how high you bounce when you hit bottom."
"성공은 바닥에 닿았을 때 얼마나 높이 튀어 오르느냐이다."

—G. S. Patton

세계적으로 유명한 동기부여 연설가인 토니 로빈슨은 한 강연에서 긍정적 태도와 고무공을 비유하여 설명했다.

"삶은 우리에게 끊임없이 도전을 던집니다. 때로는 실패하고, 때로는 실망하며, 때로는 바닥에 떨어진 것처럼 느낄 때가 있습니다. 하지만 중요한 것은 우리가 그 도전을 어떻게 받아들이고, 어떻게 반응하느냐입니다. 여러분은 고무공처럼 될 수 있습니다.

고무공이 바닥에 떨어지면 어떻게 되나요? 그것은 다시 튀어 오릅니다. 고무공은 바닥에 떨어지는 것에 굴하지 않고, 오히려 더 높이 튀어 오를 기회를 찾습니다. 우리의 삶도 마찬가지입니다. 실패와 좌절은 우리를 바닥에 떨어뜨릴 수 있지만, 우리는 그 상황에서 배워 더 높이 뛰어오를 수 있습니다.

저도 여러 번 바닥에 떨어졌습니다. 사업 초기에는 실패도 많이 했고, 개인적인 어려움도 겪었습니다. 하지만 매번 그 실패를 통해 배움을 얻고, 다시 일어섰습니다. 고무공처럼 말이죠. 중요한 것은 그 순간에 긍정적인 태도를 유지하고, 다시 도전하는 것입니다. 여러분도 고무공처럼 될 수 있습니다. 어떤 어려움이 찾아와도, 그것을 극복하고 더 높이 뛰어오를 수 있는 힘이 여러분 안에 있습니다. 긍정적인 태도와 끈기는 여러분을 성공으로 이끌 것입니다.”

흔히들 태도를 고무공에 비유한다. 어릴 적 우리는 아무것도 할 수 없는 무기력한 존재였지만, 자라면서 수많은 문제를 풀어가는 과정과 방식에서 독창성과 자존감을 가지게 된다. 걷는 법을 몰라 넘어져 다치기도 한다. 그러나, 다시 일어선다. 다시 일어설 때는 더 높이 뛰어오를 수 있는 힘이 생긴다. 그래서 흔히들 태도를 고무공에 비유한다. 걸음마 단계부터 우리는 넘어지고, 일어 서고를 반복해 왔다. 항상 더 많이 뛰어 올라왔다.

수많은 성공한 사람들의 이야기를 듣고, 그들의 발자취를 통해 배우려고 한다. 그들은 성공한 것처럼 보이지만, 수많은 실패를 통해 다시 튀어 올랐을 것이다. 이 말은 성공적으로 문제 해결을 했다고 하더라도, 그 안에 작은 실패들이 많이 있고, 이러한 실패가 없었다면, 성공은 없다는 말로 해석될 수 있다.

언어를 배운다고 가정해 보면, 쉽게 다가올 것이다. 아무리 노력해도 잘 안 들리던 것이 어느 순간 갑자기 들리기 시작하고, 이미 말하고 있는 자신을 발견하게 된다. 이것은 들으려 말하려 무수히 도전한 것이며, 실패 속에서 어느 순간 성공하고 있는 자신을 발견하는 것이다.

무엇이 우리를 고무공처럼 다시 튀어 오르게 하는 것일까?

진정한 실패는 교훈을 남기지 않는 것이다. 그리고, 다음으로 연결을 시키지 않는 것이다. 교훈을 얻지 못하는 것이 진정한 실패이다. 성공해도 교훈을 남기지 않으면, 실패로 변한다. 긴 시간길에서 의미 없는 문제와 도전은 없다. 지금은 아니더라도 언젠가는 그 교훈과 의미가 있었다는 것을 깨닫고, 후회하기도 한다. 성공에는 겸손하고, 실패에는 담대하되, 반드시 교훈을 남기고, 주변에 그 교훈을 말하는 습관을 들여야 한다. 그래야 내 것이 된다.

이러한 교훈은 시간길에 대한 인식에서부터 비롯된다. 성공이든 실패이든 중요한 것은 자신의 소중한 시간길을 걸어온 것이다. 그리고, 걸어갈 길이 남아 있다. 성공과 실패는 지금의 결과이겠지만, 이를 통해 얻는 교훈은 미래 시간길로 나 자신을 이끄는 큰 동력과 엔진이 된다. 시간 자체의 소중함과 고유함을 뼛속까지 새기고, 자신의 지나온 과거 시간을 재 해석해 내는 것이 중요하다. 몰입하면, 모든 것이 보인다. 무의식에 시간의 소중함을 올리면, 언젠가는 깨닫게 된다.

"I have not failed. I've just found 10,000 ways that won't work."
"나는 실패한 것이 아니다. 단지 10,000가지 안 되는 방법을 찾은 것이다."

—Edison, T.

실패의 원인을 나 자신에서 찾아야 한다. 모든 것은 내 안에서 비롯된 것이고, 나의 내면에 우주가 있기 때문에 나를 변화시키고, 용기를 북돋우면, 모든 것이 평화로워지고, 새롭게 일어설 수 있는 것이다. 호오포노포노는 하와이 전통 치유법으로, 네 가지 메시지를 통해 자기 정화와 치유를 도모한다.

"I am sorry.", "forgive me.", "Thank you.", "I love you."
"미안합니다", "용서해주세요", "감사합니다", "사랑합니다"

05

능동적인 시스템을 구축하라

부자들 주변에는 사람들이 모이고, 빈자는 사람들을 찾아간다. 부자들은 소셜미디어를 설정하고, 빈자들은 검색한다.

흔히 태도를 논할 때 적극적 소극적, 긍정적 부정적, 부정적 낙관적, 공격적 방어적, 능동적 수동적이라는 분류를 사용한다. 이러한 분류는 상황이 주어졌을 때 또는 목표를 위해 행동하는 방식을 유형화한 것이다. 필자는 이 책에서 시간을 논하고 있다. 이러한 시간 관점에서 가장 중요한 것은 바로 능동적 시스템을 갖추는 것이다.

능동적 시스템은 내가 찾기 전에 미리 알려주는 방식을 말한다. 내가 원하는 것을 찾아서, 검색을 할 수도 있고, 시스템에 내가 알람을 설정해 놓으면, 시스템이 알려주기도 한다.

예전에 편의 비상벨을 기획하고, 만든 적이 있다. 지금도 판매 중이며, 범죄율이 현저히 줄었다고 한다. 그 시스템을 만들 때, 내가 주문한 것은 2가지였다.

① 원하는 것을 보고자 할 때, 클릭을 3번 이상 하지 않을 것
② 외부 침입 등 알람 발생 시 1번의 클릭으로 목적 화면으로 들

어갈 것

이러한 기능 설정은 시스템의 활용도를 높여주고, 품질을 평가하는 데 중요한 역할을 한다. 우리는 많은 시스템들 속에서 살아간다. 스마트폰, TV, 자동차, 각종 어플, 동영상 등 수많은 시스템과 함께 자신만의 시스템을 만들어 간다. 자신만의 시스템을 만들어야 한다.

외부의 자극에 어떻게 반응하는지를 설정하고, 외부의 시스템이 나에게 알람을 주도록 설정한다. 암기하거나, 기록을 하기도 한다.

사람들은 저마다 자극과 반응, 그리고 알람 설정 방식이 다르다. 성격과 인성이라고 하는 인간 시스템도 다 다르다. 어떤 시스템을 구축하고, 외부 시스템을 어떻게 설정할 것인가? 목표 시스템을 논하기 위해서는 인식의 전제 조건이 있다.

모든 사람은 다르다, 고유의 시스템을 구축, 운영한다. 시간은 유한하기 때문에, 시간당 생산성을 추구한다. 모든 시스템은 시간을 빼앗기 위해 존재한다. 모든 시스템과 사람은 능동적 형태를 추구한다. 어떻게든 휴대전화에 메시지를 보내, 사람들의 환심을 사서 시간을 차지하려고 한다. 어떻게든 마케팅 문자를 받도록 설정 유도한다. 어떻게 능동적 시스템을 구축하고, 설정할 것인가?

"The way we spend our time defines who we are."
"우리가 시간을 쓰는 방식이 우리의 정체성을 정의한다."

—J. Estrin

■ 시스템을 가볍게 하고, 방향을 설정

① 시간에 대한 소중함에 대해 철학적으로 무장할 것

162

② 가진 것에 집중하고, 가진 것으로 할 수 있는 것을 정의
③ 나의 시간을 누가 컨트롤하는지를 점검
④ 과거를 현재 기준을 재해석, 그 의미와 교훈을 찾아낼 것
⑤ 무엇을 왜 원하는지에 대한 본질에 질문하고, 5년 후 가질 것과 연결하여 그 의미를 부여할 것
⑥ 지금 가지고 싶은 것을 5년 후 가지고 싶은 것에 연결하고, 의미를 발견하면, 과감히 대가를 지급할 것
⑦ 5년 목표와 방향이 일치화된, 바로 내일을 추구할 것
⑧ 하루의 시작을 일정하게 하여, 깨어있는 시간과 그 시간을 보내는 몸과 마음의 상태를 일정하게 유지할 것

■ 시간에 목적성을 부여하고, 시간당 생산성을 추구할 것

① 시간비용을 고려하여 선택할 것. 이 시간에 이것을 하면, 그 시간에 다른 것을 하면서 만들 가치는 포기하는 것이다.
② 편리함, 익숙함을 경계하고, 주변과의 유사성보다는 차별성을 추구할 것. 자신만의 시스템을 구축할 것
③ 대가를 지급해서라도 시간을 벌어서, 그 시간에 다른 가치를 만든다는 확신이 있다면, 과감히 대가를 지급할 것
④ 모든 어플에서 알림을 끄고, 필요한 것에 알림만 설정할 것
⑤ 검색하지 말고, 키워드를 설정해서 뉴스를 받을 것(뉴스봇)
⑥ 검색하지 말고, 명령을 내릴 것(Chat GPT, AI 음성명령)

■ 일상에서 학습하고, 순간에 의미를 부여

① 시간 내서 학습하려 하지 말고, 일상을 스승으로 만들 것

② 매 순간에 의미를 부여, 관찰하고, 단순화하고, 응용할 것

③ 방어기제를 줄이고, 스스로 인정하고 노출할 것

④ 기억하는 데 시간을 쓰지 말고, 기록할 것

⑤ 다른 사람의 시간을 존중하고, 그 사람을 인정할 것

⑥ 월급을 위해 일하지 말고, 배움을 위해 일할 것. 자신이 일하고 있는 것에 의미와 가치를 매길 것

"Don't wait for the perfect moment. Take the moment and make it perfect."

"완벽한 순간을 기다리지 마라. 순간을 잡아 완벽하게 만들어라."

—Zoey Sayward

■ 좋은 향기를 풍기는 사람이 될 것

① 찾아가기보다는 찾아오게 만드는 향기를 가꿀 것

② 다가오는 사람에게 최선을 다할 것

③ 배울 점이 많은 사람이 될 것

"Character is to a man what fragrance is to a flower."

"인격은 사람에게 있어 꽃의 향기와 같다."

—Charles M. Schwab

"숲속에서 손바닥을 펴고 견과류를 뿌려놓으면, 새가 날아든다. 그 새를 가지기 위해서 손가락을 접어 새를 잡으면, 그 손은 새를 품은 손이 될 수 있다. 그러나, 그 새가 날아서 떠날까 봐 그 손가락을 펴지 못한다. 시간이 지나, 그 손을 펼치면, 새는 나는 법을 잊어

버릴 것이며, 아무리 견과류를 많이 뿌려놓아도, 그 손에는 다른 새가 날아들지 못한다.

날지 못하는 새로부터는 안 좋은 향기가 나기 때문이다. 반대로, 손가락을 접지 않고, 그대로 펼쳐 놓는다면 새를 가질 수는 없지만, 그 손은 향기 나는 손으로 수많은 새의 향기가 가득한 손이 될 것이다. 손에 쥔 새는 없지만, 수많은 새의 놀이터를 가진 손이 된다. 어떤 손이 되고 싶은가?"

사람들이 많이 모이는 사람에게서는 향기가 난다. 다가가는 사람이 10명을 만날 수 있다면, 사람들이 다가오는 사람은 100명을 만날 수 있다. 이것이 능동적인 삶의 방식이며, 이러한 삶을 살기 위해서는 손가락이 펴진 손을 가진 사람이 되어야 한다. 그 사람은 다가오는 사람이 계속 자신의 주변에 머물기를 바라기보다는 자유롭게 떠나게 하고, 언제 다시 찾아오더라도 기꺼이 환영해 주는 사람일 것이다.

시간의 소중함을 아는 사람은 다른 사람의 시간도 소중하다는 것을 알고 있다. 사람들이 모이는 사람에게는 배울 점이 많다. 그 사람과 함께하는 1시간은 아마도 10시간 이상의 가치를 가지게 될 것이다. 반대로 그 사람은 10시간 동안 10명의 사람을 만날 수 있고, 그를 통해 또다시 새로운 배움을 얻는다. 워렌 버핏이 많이 배우겠는가, 그와 점심을 먹는 사람들이 많이 배우겠는가? 그는 늘 새로운 사람과 새로운 스토리를 듣는다.

어떤 삶을 살 것인가? 주로 다가가는 삶을 살 것인가, 사람이 모이는 삶을 살 것인가? 자유로운 영혼으로 살 것인가, 얽매인 삶을 살 것인가?

The flower doesn't dream of the bee. It blossoms and the bee comes."

"꽃은 벌을 꿈꾸지 않는다. 꽃이 피면 벌이 온다."

—Eckhart Tolle

　　시간을 인식하는 사람은 매 순간 배움을 얻고, 시간을 존중할 줄 아는 사람은 좋은 인격을 얻는다. 배움과 좋은 인격은 좋은 향기를 뿜어 사람들이 모이게 한다. 그 향기를 품은 사람들은 또 다른 향기로 퍼져 나간다. 당신으로 인해 당신 주변은 좋은 향기로 가득 차게 된다. 그 향기는 점점 더 빠른 속도로, 더 많이 퍼진다. 어느 순간 온 세상은 당신의 향기로 가득해질 것이다. 다른 사람의 향기를 평가하지 말고, 자신의 향기를 가꾸는 사람이 되어야 하는 이유이다. 당신의 하루를 더 큰 하루가 되고, 복리로 불어날 것이다.

06
성공하는 사람들의 7가지 습관

전 세계에서 4천만 부 이상 판매되었으며, 38개 언어로 번역되어 20세기 가장 영향력 있는 비즈니스 책으로 선정된 스티븐 코비 (Stephen R. Covey)의 저서 "성공하는 사람들의 7가지 습관"을 주요 목차만 소개하고 싶다.

1. 주도적이 되라 (Be Proactive)
2. 끝을 생각하며 시작하라(Begin with the End in Mind)
3. 소중한 것을 먼저 하라 (Put First Things First)
4. 상호 이익을 모색하라 (Think Win-Win)
5. 먼저 이해하고, 다음에 이해시켜라 (Seek First to Under-stand, Then to Be Understood)
6. 시너지를 내라 (Synergize)
7. 끊임없이 쇄신하라 (Sharpen the Saw)

제4장

어디로 향하고, 무엇을 얻을 것인가?

부자들은 자신의 어제와 오늘을 비교하고, 내일로 연결한다. 빈자들은 자신과 남을 비교하고, 오늘을 원망한다.

"You can't connect the dots looking forward; you can only connect them looking backwards. So you have to trust that the dots will somehow connect in your future."

"앞을 보며 점들을 연결할 수는 없다; 오직 뒤를 보며 점들을 연결할 수 있을 뿐이다. 그래서 당신은 그 점들이 미래에 어떻게든 연결될 것이라고 믿어야 한다."

—Steve Jobs

"You cannot change your destination overnight, but you can change your direction overnight."

"하룻밤 사이에 목적지를 바꿀 수는 없지만, 하룻밤 사이에 방향을 바꿀 수는 있다."

—Jim Rohm

01

지금의 선택, 그다음은?

실제로 팀원의 딸 중 한 명의 이야기이다. 지원 동기에 대해 조언해 준 적이 있다. 대학교 입학 면접 때의 이야기이다.

"영어영문학과에 지원한 동기가 무엇인가?"

"저는 이 대학교 영어영문학과를 입학하는 것 자체가 목표는 아닙니다. 저의 목표는 따로 있습니다. 전 세계 39개국에서 노벨 문학상 수상자가 나왔는데 안타깝게도 우리나라는 아직도 노벨 문학상 수상자를 배출하지 못했습니다. 그렇다면, 왜 배출하지 못했는지 생각해 보았습니다. 한국어는 언어가 매우 섬세하여 영어로 읽혔을 때, 그 감성과 뉘앙스 등을 정확하게 번역해 내지 못하기 때문입니다. 황순원 소설가, 고은 시인 등 노벨 문학상 수상자보다 더 뛰어난 작가가 많이 있음에도 수상을 하지 못하는 이유는 그 작가의 작품을 영어로 온전히 담아내지 못했기 때문입니다. 저는 기본적으로 영어를 좋아합니다. 언어는 표현 방식도 중요하지만, 듣는 사람의 관습, 문화 등을 이해하는 것이 먼저라고 생각합니다. 각종 영화, 책 등을 보면서, 먼저 그 문화를 이해하려고 노력해 왔고, 이 대학교에 입학해서 그 학습을 더욱 가속하고 싶습니다. 우리나라가 노벨 문학상을 배출하는데, 결정적인 기여를 하고 싶습니다. 이 꿈을 이루기 위해서는 좋은 교수, 좋은 선배들이 포진해 있는 서울대학교가 가장 적합하다고 생각했습니다. 저는 노벨 문학상을 배출하기 위한 과정으로 이 대학교 영어영문학에 지원한 것이며, 제가 꿈을 이루어 후배들이 이 학교에 더 많이 지원하게 되면, 이 대학교 영어영문학과도 빛나리라 생각합니다. 후배들에게 빛나는 선배가 되고 싶습니다."

지금의 선택은 무엇을 위한 선택인가? 본인의 선택인가? 선택을 강요받은 것인가? 당신의 선택 기준은 무엇인가?

사람들은 매 순간 선택의 순간에 놓인다. 그런데, 그 선택을 통해 얻을 것이 무엇인가? 사람들은 그리 머지않은 미래를 위해 늘 지금의 선택을 한다. 그러나, 시간길은 매우 길다. 지금의 선택이 다음의 선택으로 연결되고, 지금 선택이 다음 선택의 폭을 제약할 수도 있다. 모든 선택에는 기준이 있어야 한다.

먼 미래에 놓인 그 어떤 목표나 가치를 위한 선택 이어야 한다. 먼 미래에 도달할 지점. 이것을 우리는 비전이라고 부른다. 가장 먼저 해야 할 것은 바로 비전이 무엇인지, 먼 미래 삶의 모습에 대한 시각화를 먼저 해야 한다.

지금 선택의 가치는 미래의 비전과 연결될 때 그 의미를 가지는 것이다. 그래야 비로소 가치를 가진다. 현재는 곧 과거로 바뀔 것이고, 미래와 연결되지 않은 과거는 그저 한 순간이지만, 지금, 현재의 길에서 내린 결정이 미래 길의 방향을 바꾼다는 것은 인식해야 한다. 그래서, 가장 중요한 것은 지금, 현재의 길에서 내리는 결정이다. 선택을 함부로 하지 말고, 멀리 보고 결정하는 습관을 들여야 한다.

선택은 현재 할 수 있는 것이지만, 그 선택은 과거의 연장선에서 이루어지며, 미래 시간길의 방향을 결정하는 것이다. 학과와 회사에 지원하는 것은 아마도 과거의 성적이나 관심사로 인해 이루어지겠지만, 그 이후에 무엇을 목표로 할 것인가를 항상 생각해야 한다. 그것이 바로 그 선택의 이유이자 의미이다.

현재의 선택은 늘 새로운 출발이다. 출발선에 있는 자기 몸과 마음을 건강하게 해야 하고, 정해진 트랙은 없지만, 목표 지점을 정해야 방향이 정해진다. 너무 먼 목표 지점은 사람을 지치게 할 수 있기 때문에 중간 목표 지점을 몇 개 찍어서 달려가 보고, 그 과정을 반영해서 멀리 있는 목표 지점을 수정할 수도 있다.

골프를 칠 때, 선수들은 멀리 보고, 바로 눈앞의 어떤 지점으로 연결한 다음, 그 지점을 보고 공을 친다고 한다. 그래야 똑바로 간다고 한다.

여기서 우리는 두 가지 의문점이 생긴다.

■ 우리는 명확한 목표 지점, 비전을 가지고 있는가?

그렇지 않다. 우리는 어릴 적부터, 부모, 학교, 직장이라는 우산 속에 무리 지어 산다. 비슷한 교육을 받고, 비슷한 사람들과 생활한다. 사회가, 어른들이 세워놓은 기준에 의해 평가받는다. 자신이 좋아하는 것이 무엇인지, 무엇을 추구하는지도 모른 채, 사회에 노출되는 경우가 많다.

시간에 대한 자존감은 비전을 정하는 데 도움이 된다. 무엇을 할 때 느끼는 감정, 자기 시간에 대한 애착, 자신의 시간비용에 대한 만족감 등으로 인해 비전 형성될 가능성이 높다. 이러한 판단을 하기 위해서는 다양한 실험과 도전을 해 보는 것이 필요하다고 생각한다.

■ 항상 옳은 선택을 하는가?

그렇지 않다. 마찬가지로 부모가, 사회가 정해주는 방향에 의해, 친구, 지인들에 의해 선택은 추천될 수 있으며, 회사가 정해주는 가이드라인에 의해 진로가 정해지기도 한다. 사람들의 마음은 비슷하기 때문에, 좋은 직장과 부서는 경쟁률이 높기 때문에, 대부분 아마도 최선의 선택이 아닌, 차선의 선택으로 시작할 가능성이 높다.

그러나, 위에서 말한 바와 같이 자신의 명확한 비전이 없는 상태에서 선택을 강요당하거나, 선택하기 때문에 사실 최선의 선택이란 없는 것과 같다. 결과적으로 최선의 선택은 없다는 말을 하고 있는 것이다. 따라서, 선택의 옳고 그름, 더 좋은 선택에 너무 얽매일 필요가 없다.

지금 선택을 통해 충분한 실험을 해야 한다. 자신의 시간길 목표 지점으로 정할 만한 일들이 있는지를 점검하는데 의의를 두고 다양한 실험을 해야 한다. 선택은 급여나 복지 등의 기준에 의해 이루어졌을지 몰라도, 선택하고 난 이후에는 그 일을 다양한 관점에서 바라봐야 하고, 최선을 다해야 한다.

그럼에도 불구하고, 자신의 비전으로 삼을 만한 것이 없다고 생각되면, 과감히 방향을 바꿔야 한다. 만일 그 일에 대해 최선을 다했다면, 당신은 이미 많은 선택권을 가지고 있을 것이다.

"You cannot change your destination overnight, but you can change your direction overnight."

"하룻밤 사이에 목적지를 바꿀 수는 없지만, 하룻밤 사이에 방향을 바꿀 수는 있다."

—Jim Rohm

173

02

시간길의 등대: 비전

저마다 시간길 위에서 어디로 마차를 끌고 가는 것일까? 남긴 것은 지나온 길이며, 앞에는 표지판 없는 광야다. 보이는 것은 주변에서 달리는 다른 사람의 마차다.

대부분 사람은 길을 모르기 때문에, 지나온 관성에 의해, 함께 가는 무리에 의해 휩쓸려 가기 쉽다. 그러나, 그것이 언제든 자신의 목적지는 정해야 한다. 아주 나이가 든 시점에 그것을 깨닫기도 한다. 그러나, 깨닫는 시점이 아마도 그 사람 입장에서는 가장 빠른 출발점이 될 수 있다.

시간의 소중함에 대해 조금이라도 일찍 깨닫고, 자신의 시간길에 목적지를 희미하게나마 부여한다면, 상대적으로 성공적이고, 행복한 시간 여행을 하고 있을 것이다. 보통의 사람들은 시간이 남긴 흔적을 보고, 시간의 존재를 깨닫고, 다른 사람의 위치를 보고 그 방향성을 깨닫는 경우가 대부분이다.

지금 하는 일을 통해 자신의 비전을 찾기를 바란다. 비전을 찾는 곳은 따로 있는 것이 아니다. 지금 하는 일 속에 있다. 세상에서 일어나는 일들은 모두 비슷한 원리로 일어난다. 일의 내용이나 종류가 달라질 수는 있어도, 일어나는 원리는 유사하다. 최소한 그 원리를 찾은 다음, 일의 종류를 바꾸는 것이 낫다. 왜냐하면, 일의 원리를 찾는다는 것은 아마도 무슨 일을 해도 잘할 수 있는 실력을 갖춘 것으로 볼 수 있기 때문이다.

비전은 직업이나 돈의 양과 같은 눈에 보이는 것이 아니다. 그 직업을 통해, 돈을 통해 이루고 싶은 가치가 비전이다. 따라서, 비전은 상상 속의 목적지, 꿈과 이상일 수도 있다. 이 말은 비전은 다양한 방식으로 표출될 수 있다는 말이다. 비전의 의의는 시간길을 걸어가면서, 어떤 일을 하든지 결국 추구해야 하는 가치, 즉 나침반과 같은 역할을 한다고 생각한다.

■ 회사의 비전 예시

테슬라	세계를 지속 가능한 에너지로 전환하는 것
나이키	모든 운동선수에게 영감과 혁신을 제공하는 것
스타벅스	사람의 정신을 고양하고, 양육하는 것. 한 사람, 한잔의 커피, 한 이웃을 통해
엔비디아	세계가 컴퓨팅을 경험하는 방식을 변화시키는 것
알리바바	알리바바에서 만나고, 일하며, 생활할 수 있는 환경을 조성
MS	모든 사람과 조직이 더 많은 것을 성취하도록 돕는 것
구글	모든 사람이 접근할 수 있고, 유용하게 정보를 조직
메타	사람들의 커뮤니티를 만들고 세상을 더 가깝게 만드는 것
애플	최고의 제품을 만들어 더 나은 세상을 만드는 것
스페이스X	화성에 인간을 정착시키고 다 행성 종족이 되는 것
넷플릭스	세상 어디서나 엔터테인먼트를 즐길 수 있도록 하는 것
코카콜라	세상 어디서나 신선한 행복을 제공하는 것

비전은 회사의 방향성을 표현한다. 그 회사가 어떤 제품을 만들든, 어떤 부서에서 일하는 사람이든, 직원들에게 하나의 방향을 제

시함으로써, 직원들의 시간에 방향성을 부여하는 것이다.

회사의 비전은 그 근간은 유지하되, 끊임없이 발전된다. 비전 자체는 변경되지는 않더라도, 적어도 그 비전을 이루는 목표는 항상 변경되기 마련이다. 회사를 선택할 때, 이러한 비전의 깊이를 확인하고, 이해할 필요가 있다. 비전이 강한 회사는 그 회사에서 일하는 사람들을 한 방향으로 모으게 하는 힘이 있기 때문에, 시간 및 목표 관리가 잘 운영되는 회사일 가능성이 높다.

어느 방향으로 끌고 갈 것인가 하는 것이 비전인데, 이러한 비전에 1등, 매출 등의 숫자는 없다. 다만 비전을 따라가다 보면, 1등은, 매출은 따라오는 것이다. 직장을 고를 때, 내 인생의 비전과 어느 정도 결이 맞을 때 직장생활이, 직장에서 보내는 나의 시간이 더 윤택하지 않겠는가?

입사 면접 시 이런 식의 동기부여가 가능해진다. 업종별로 세계 최고의 기업이 있다. 그들의 비전을 살펴보고, 현재 지원하려고 하는 회사의 비전과 연결해 보는 것이 도움이 될 것이다. 회사의 비전 속에서 나의 역할을 정의하고 나의 비전을 정의해 보는 시도를 해 볼 필요가 있다.

■ 개인의 비전 예시

마하트마간디	비폭력과 진실의 힘으로 세상을 변화시키는 것
오프라윈프리	사람들에게 영감을 주고, 그들의 삶을 변화시키는 것
일론 머스크	지속 가능한 에너지와 다 행성 인류를 실현
워렌 버핏	가치 투자로 장기적인 재정적 안정을 이루는 것
하워드 슐츠	편안하게 모여 커피를 즐길 수 있는 제 3의 공간을
스티브잡스	기술을 통해 사람들의 삶을 혁신하고, 세상을 변화
BTS	전 세계 사람들에게 희망과 위로, 긍정적 영향을 미치기

김연아	한국을 세계에 알리고, 청소년에게 꿈과 희망을
손흥민	최고가 되고, 한국 축구의 위상을 높이기
오타니	최고의 야구 선수가 되어, 일본과 전 세계에 영감을
유재석	웃음과 감동을 선사하고, 사회적 책임을 다하는 방송인

물론, 처음부터 위와 같이 구체적으로 비전을 정하고 일을 시작하지는 않았을 것이다. 그러나, 분명히 이들은 일반 사람들과는 다르다. 자신의 시간길에서 무엇을 남길 것인가에 대한 고민을 아마도 상상 이상으로 많이 했을 것이다. 비전을 세우고, 일을 하면서, 아마도 그 비전을 더욱더 단단하게 했을 것이다. 비전이 성공을 이끌고, 성공이 비전을 단단하게 하는 수많은 과정이 있었을 것이다.

개인의 비전도 회사와 비슷하게 이루어진다. 위 비전을 살펴보면, 마찬가지로 돈의 양이나, 성공보다는 가치를 향하는 것을 볼 수 있다. 비전을 구체적으로 표현하기 쉽지 않기 때문이다. 후속작에 비전을 세우는 구체적인 방법에 대해 다시 한번 서술하고 싶다.

비전을 세운다는 것은 끊임없는 자기 탐구의 영역이다. 자기의 시간길을 계속 시각화하려는 노력의 과정에서 정해지는 것이다. 시간길에 대한 인식, 그 길을 걸어가는 자신에 대한 신체적, 정신적 상태에 관한 지속적인 연구와 학습, 그리고, 미래에 대한 끊임없는 상상 과정에서 생겨나는 지향점이 바로 '비전'인 것이다.

비전은 사람들을 만나면서, 일을 하면서 점점 더 구체화 된다. 어떤 사람과 함께 무슨 일을 하더라도, 자신만의 시간길을 걸어가는 사람은 바로 나 자신밖에 없고, 그 누구도 대신하거나 침범할 수 없다는 사실을 무의식에 올려놓는다면, 당신은 훌륭한 비전을 지니게 될 것이다.

"Your vision will become clear only when you can look into your own heart. Who looks outside, dreams; who looks inside, awakes."
"당신의 비전은 당신이 자신의 마음을 들여다볼 때만 분명해질 것이다. 외부를 보는 사람은 꿈꾸고, 내부를 보는 사람은 깨어난다."

—C. Jung

필자는 지금도 비전을 계속 단단하게 하려고 노력한다.

①철학과 비전
　—성공보다는 가치 있는 사람, 배울 점이 많은 사람이 될 것
　—다가오는 사람에 최선을 다할 것
　—나로부터 시작된, 세상에 작은 울림을 주는 사람이 될 것
　—다른 사람의 시간을 나의 시간보다 더 존중할 것
②일과 시간에 대한 목표
　—최고가 되어 일과 사람에 대한 선택권과 대안을 가질 것
　—시간이 나를 중심으로 돌아가게 할 것
　—무슨 일을 하더라도 두려움이 없도록 실력을 갖출 것
③재무상태에 대한 목표
　—적더라도 나눔이 가능한 안정적인 재무 구조를 갖출 것
　—은퇴 후에도 소득 규모를 유지할 것
　—나와 타인의 돈에 겸손한 태도를 유지할 것

03
무엇을 왜 원하는가: 행복의 조건

부자들은 스스로 원하는 것을 정하고, 확산한다. 빈자들은 주변이 가진 것을 원하고, 비교한다.

사람들은 누구나 꿈이 있었을 것이다. 그런데, 대부분 그 꿈을 좇아서 살지는 않는다. 자신의 꿈을 나중에 발견하기도 하고, 어릴 적 잊고 있었던 꿈을 다시 도전하기도 한다. 필자도 어릴 적 꿈 중의 하나가 사실 작가였는데, 살아보다 보니 어느덧 글을 쓰고 있는 나 자신을 발견하게 되었다. 아마도 무의식에서 작가의 꿈을 꾸고 있었는지 모를 일이다.

이처럼 자신의 비전과 목표를 찾는 것도 어렵고, 그것을 향해 나아가는 것도 쉽지 않다. 그렇다면, 어떻게 비전을, 목표를 찾을 수 있을까? 사람들이 저마다 시간의 길을 걸어가면서, 본인의 의식과 주변 환경이 지속적으로 달라지기 때문에, 자신이 무엇을 잘하고, 좋아하고, 왜 좋아하는지 모르고 살아가는 경우도 많고, 어느 순간 좋아하는 일을 하는 자신을 발견하기도 한다.

행복학(Happiness Studies)은 개인의 웰빙과 행복이 무엇인지를 연구하는 학문으로서 행복의 정의와 조건을 체계적으로 연구하며, 개인의 웰빙을 증진시키기 위한 구체적인 방법을 제시한다. 긍정심리학의 창시자인 마틴 셀리그만(Martin Seligman)은 행복을 다섯 가지 요소로 구성된 PERMA 모델로 설명했다.

① Positive Emotion (긍정적 정서)
긍정적 정서는 기쁨, 감사, 사랑, 희망, 자부심 등에 해당하며, 일상에서 작은 긍정적 경험을 찾는 것, 스스로에게 긍정적이고 격려하는 말을 하는 것이다.

② Engagement (몰입)
몰입은 시간 가는 줄 모를 정도로 어떤 활동에 완전히 빠져드는 상태를 의미하고, '플로우(flow)'라고도 불린다. 자신이 몰입할 수 있는 활동을 찾아서 정기적으로 실천하는 것이 중요하다. 독서, 운동, 콘서트 등 취미도 있지만, 적절한 도전과 보상을 제공하는 과제를 설정하는 것도 좋은 방법이라고 한다.

③ Relationships (긍정적 관계)
긍정적 관계는 사회적 지지와 연결감을 말한다. 가족, 친구, 연인, 동료와의 관계 속에서 더 많은 시간을 보내고, 깊고 의미 있는 대화를 나누고, 경청하는 습관을 기르며, 함께하는 활동을 통해 유대감을 강화하는 것을 말한다.

④ Meaning (의미)
삶의 의미는 개인이 자신보다 더 큰 목적을 추구할 때 발견된다고 한다. 종교적 신념, 봉사활동, 개인적 사명감 등을 말하며, 자신의 핵심 가치를 명확히 하고, 이에 부합하는 활동을 하는 것을 말한다.

⑤ Accomplishment (성취)
성취는 목표를 달성하고, 이를 통해 느끼는 만족감과 자부심

을 의미하고, 이는 개인의 자신감과 자기 효능감을 증진시킨다. 구체적이고 측정 가능하며, 달성 가능하고, 기한이 있는 목표를 설정하고, 작은 성공 경험을 쌓고, 피드백을 받는 것이 중요하다.

추가로 아래 사항이 중요하다고 한다.

- ⊙ Resilience(회복 탄력성): 스트레스나 역경에 직면했을 때 회복하고 다시 일어서는 능력이다. 스트레스 관리, 긍정적 태도, 문제 해결 능력 등 역경을 긍정적으로 해석하고, 배울 점을 찾고, 명상, 운동, 심호흡 등을 통해 스트레스를 관리한다.
- ⊙ Gratitude(감사): 감사의 표현, 감사 일기, 긍정적 기억
- ⊙ Optimism(낙관주의): 미래에 대해 긍정적인 기대
- ⊙ Mindfulness(마음 챙김): 현재에 집중하고, 있는 그대로 받아들이는 태도

행복의 경제학에서는 소득과 행복의 관계를 연구했다. 결론은 "개인의 소득이 증가할수록 행복감도 높아지지만, 일정 수준을 넘어서면 소득 증가가 더 이상 행복 증가로 이어지지 않는다"라는 것이다. 이를 이스털린 역설(Easterlin Paradox)이라고 한다.

"Happiness consists more in conveniences of pleasure that occur every day than in great pieces of good fortune that happen but seldom."
"행복은 드물게 일어나는 큰 행운보다 매일 일어나는 작은 즐거움에서 더 많이 이루어진다."

—Benjamin Franklin

어떻게 자신이 원하는 것을 찾을 수 있을까? 내가 잘하는 것이 무엇일까? 무엇을 좋아하는 것일까?

필자도 세 아들을 키우고 있는 입장에서 지금의 시대는 아이들 입장에서는 정말로 혼돈의 시기인 듯하다. 미디어, SNS 등을 통한 정보의 과부하, 경제 구조의 불확실성, 고령화 사회, 세금 증가 등 너무나 복잡한 시대를 살고 있는 것 같다.

과연 내가 진정으로 원하는 것을 찾는 것이 의미가 있는가? 해도 안 되는데 원하는 것을 찾는 것이 무슨 소용인가? 이렇게 생각할 수도 있다. 그러나, 우리는 우리에게 주어진 시간의 길을 걸어가야 한다. 선물처럼 주어진 이 시간은 분명히 스스로에게 이유가 있고, 의미가 있다고 생각해야 한다.

자신이 원하는 것을 찾아가는 과정을 예시적으로 살펴보고자 한다. 필자는 가장 중요한 것이 생각을 너무 깊게 하지 말고, 일단 무엇이든 한 번씩 해 보는 것이 중요하다고 생각한다.

① 자기 인식(Self-awareness)

무엇이 당신에게 중요한지, 어떤 가치가 당신을 이끄는지 살펴보고, 자연스럽게 끌리는 열정에 대해 지속적으로 관심을 가져야 한다. 또한 자신이 잘하는 것, 타인에게 자주 칭찬받는 능력이나 특성, 그리고 자신의 약점을 솔직하게 인정하고, 개선에 집중하는 것이 중요하다.

② 탐색과 실험(Exploration and Experimentation)

다양한 활동을 시도해 보고, 무엇이 자신에게 맞는지 탐색하는 과정이다. 다양한 사람들과 교류하며, 그들의 경험과 조언을 통해 새로운 인사이트를 얻고, 자기 평가 및 피드백을 수용해야 한다.

③ 지속적인 학습(Continuous Learning)

자기 계발, 성찰과 기록, 경험이 풍부한 멘토를 찾아 조언을 구하고, 그들의 경험을 통해 끊임없이 배우는 것을 말한다.

인생에서 원하는 것을 찾는 것은 기나긴 여정이다. 이 과정에서 자신을 깊이 이해하게 되고, 삶을 더 의미 있고 만족스럽게 만들 수 있다. 나는 무엇을 원하고, 나는 그것을 왜 원하는가?

그것을 통해 이루고 싶은 것이 무엇인가? 이러한 질문이 첫 출발점이다. 혼자만의 시간을 가끔 가지면서, 질문을 던져 보기 바란다. 사람은 혼자 살 수 없고, 똑같이 시간이 주어진다. 길다면 길고, 짧다면 짧다. 시간길은 본인만의 것이며, 그 시간길에 무엇을 남길 것인가 하는 질문에서 가치관이 형성되고, 열정과 목표가 생기는 것이다.

"Happiness is not the absence of problems, it's the ability to deal with them."

"행복은 문제가 없는 상태가 아니라, 그것을 다룰 수 있는 능력이다."

—Steve Maraboli

"He who knows others is wise; he who knows himself is enlightened."

"다른 사람을 아는 자는 지혜롭고, 자신을 아는 자는 깨달음을 얻는다."

—Lao Tzu

04

지금 일에서 비전과 배움을 찾다

"당신의 직업은 무엇입니까?"
"회사원입니다."
직업을 물어볼 때, 소속을 직업으로 착각하는 경향이 있다. 그러
나, 엄밀히 따지면, 직업은 자신이 생계를 유지하거나, 사회적 역할
을 수행하고 있는 일을 의미한다. 소속이 직업이 아니라, 하는 일이
직업인 것이다.
모든 기업의 정체성은 그 어떤 가치를 담은 제품을 만들고, 그 제
품을 판매함으로써 가치를 전달하는 것이다. 직업을 물었을 때, 어
떤 제품을 만드는 일을 한다든가, 어떤 제품을 판매한다든가 하는
설명이 붙어야 제대로 설명이 된다.

제품을 만들고, 판매하는 방식이나 원리가 회사마다 다를까?

적어도 기술은 다를 수 있어도 과정은 동일하다. 그렇다면, 중소기업에서 제품을 만드는 사람과 대기업에서 제품을 만드는 사람의 직업이 같은가? 똑같다고 생각한다. 다만, 대기업에서는 조직이 세분화되어 있어 그 깊이가 깊겠지만, 중소기업에서는 한 사람이 많은 부분을 커버해야 하기 때문에 일의 범위가 넓을 것이다. 만일 중소기업에 다니는 사람이 일의 깊이까지 가지게 된다면 어떻게 되는가? 경쟁력을 가진다.

그러나, 사람들이 일하는 방식은 모두 다르다. 최고가 되기 위해 노력하는 사람, 받은 만큼만 일하려는 사람, 더 큰 회사로 이직을 시도하는 사람 등 아주 다양하다. 필자도 이 직장이 세 번째 직장이다. 아직까지는 최고의 실력자라는 소리를 듣고 있다. 어떻게 이것이 가능하겠는가?

한번 최고를 경험한 사람은 그 원리와 방법을 알고 있다. 머리로 기억하지 못하고, 기록으로 남기지 못하더라도, 이미 몸으로 알고 있다. 이들은 늘 성공하게 되어 있다. 그 원리를 알고, 성공의 단맛을 보았기 때문에, 절대 역행하지 않는다.

이들은 어떤 원리로 최고가 되었을까?

■ 일에 급여 이외의 가치를 부여한다.

이들은 급여를 위해 일하는 것이 아니라, 배우기 위해 일을 한다. 그래서, 자신의 파워를 증대하고, 자신의 선택권을 점점 더 늘린다. 이를 통해 더 많은 실험을 하고, 자신의 전문성과 업무영역을 확대한다.

떡볶이를 만드는 일을 하고 있다고 가정하자. 이들 이 일을 하루에도 수백 번 다른 맛의 떡볶이를 만들고, 실험하고, 고객의 반응까지 얻을 수 있는 기회라고 생각한다. 월급은 중요하지 않다. 레스토랑 쉐프들은 잘나가는 식당의 휴지통을 뒤진다. 식재료와 소스의 비법을 찾아내기 위해서이다. 깨닫게 되어 있다. 만일, 내가 월급쟁이라고 생각했다면, 똑같은 떡볶이를 공장처럼 생산하면 될 일이고, 쓰레기통을 뒤질 일이 있겠는가?

■ 일을 통해 꿈을 꾼다. 비전을 구체화한다.

지금 하는 일의 단순함, 노동강도, 시간당 대가보다는 그 일로 배울 수 있는 것과 확장할 수 있는 가치를 본다. 이들은 항상 일에서 끝나지 않고, 항상 다음으로 연결한다. 이것이 방향이고, 비전이다.

떡볶이 그다음이 없을 때는 한 없이 힘든 일이다. 그러나, 그다음이 있으면, 떡볶이를 만드는 것은 오히려 행복일 수도 있다. 나의 이름을 알려, 나만의 식당을 만들 수도 있고, 실력을 인정받아 투자받을 수도 있을 일이다. 그래서, 자신만의 프랜차이즈를 만들고, 그 수많은 레시피 중에서 국가별 입맛 취향에 맞는 프랜차이즈를 수출도 할 수 있지 않은가? 필자보다 더 많은 사례를 알 수 있을 것이다.

하는 일을 스스로 선택한 것이 아닐 수도 있다. 그러나, 내가 원했던, 원치 않았던 그것은 나의 선택이라고 생각해야 한다. 왜냐하면, 나의 시간 소모라는 대가가 수반되기 때문에, 그래서, 책임 있는 태도를 가져야 한다. 내가 모든 것을 선택할 수는 없지만, 그 선택에 대한 태도는 나의 선택이며, 무엇을 어떻게 배울지, 말지는 나의 결정이다.

일을 통해 미래를 연결하고, 가치를 스스로 만드는 사람, 받은 만큼 일하려고 하는 동료. 5년 후 어떤 차이가 나겠는가?

세상의 모든 일은 대부분 비슷한 원리로 돌아간다. 그러나, 모든 사람이 다르기 때문에 정해진 길은 없다. 사람들의 비교 대상인 성공이라고 하는 목표만 있다. 학습 방법에도, 성공으로 가는 방법도 정해진 길은 없다. 가장 중요한 것은 그 일의 의미와 가치를 파악하고, 온몸으로 배우고, 확장하는 것이다.

① 일 자체를 입체적으로 바라보고, 의미와 가치를 찾을 것
② 온몸으로 배울 것, 영혼을 불어넣어 차별화할 것
③ 비전을 정하고, 비전과 연결된 가까운 목표를 설정할 것
④ 그리고, 일을, 시간을 확장할 것

이것이 최고가 되는 길이며, 성공으로 가는 길이다. 이를 통해 비전은 더욱 강력해진다.

"Observe, record, tabulate, communicate. Use your five senses…
Learn to see, learn to hear, learn to feel, learn to smell, and know that
by practice alone you can become expert."
"관찰하고, 기록하고, 표로 만들고, 소통하라. 당신의 다섯 가지 감각을 사용
하라. 보는 것을 배우고, 듣는 것을 배우고, 느끼는 것을 배우고, 냄새 맡는
것을 배우라. 그리고 연습만으로도 전문가가 될 수 있음을 알라."

—William Osler

학습의 3단계

일상의 순간에 몰입, 깨달음을 얻는 것이 부자의 학습법이다. 학습의 세 가지 단계는 읽기, 쓰기, 말하기 단계를 거친다. 이 세 가지는 인간의 언어 능력 중에서 가장 기본적인 요소이지만, 무엇인가를 학습한다고 했을 때, 이 세 가지 단계를 거쳐서 온전히 학습된다고 볼 수 있다. 매 순간의 경험을 누군가에 말로 설명한다고 가정하고 경험한다면, 몰입도가 달라진다. 이것이 '깨달음'을 얻는 가장 좋은 방법이다. 따라서, 모든 것을 읽고, 관찰하고, 경험할 때, 항상 누군가에게 말하고, 교육을 시킨다는 마음으로 하면, 그 학습의 깊이와 속도가 달라지는 것이다.

배움의 3가지 단계: 읽고, 쓰고, 말하기

① 읽는 단계: 비판적 관찰과 사고하는 단계
② 쓰는 단계: 한 줄 메시지 뽑아내기
③ 말하는 단계: 반응을 살피고, 공감을 끌어내기

③ 번을 한다는 마음으로 ① 읽고, ② 쓰기

1) 읽는 단계: 비판적 관찰과 사고

"다른 사람에게 설명하기 위해 읽고, 경험하고, 관찰할 것"

직접적인 경험과 관찰, 학습의 영역이다. 당신은 어떻게 읽고, 주변을 어떻게 관찰하는가?

읽는 것은 책을 읽는 것만이 아니라 교육, 경험, 회의, 보고 등 내가 보고, 듣고, 경험하는 모든 것을 포함한다. 듣고, 보고, 냄새를 맡는 등 나의 의지와 관계없이 나에게 다가오는 모든 현상을 관찰하고 경험하는 것도 포함한다. 책을 읽고, 다른 사람의 경험과 조언을 듣고, 실제 업무를 수행하면서 경험하는 다양한 상황들이 있다. 사람이 부딪히는 모든 상황에서 배울 수 있다.

스승이란 학교, 학원 등 교육기관에만 있는 것이 아니다. 본인이 마음먹기에 따라서 세상 모든 사람이 스승이 될 수 있고, 경험하는 모든 상황이 스승일 수 있다. 세상에 벌어지는 일들이 나와 상관없는 일이라 생각하면, 배울 일이 없다.

그러나, 모든 일은 연결되고, 수많은 신호는 다른 신호로 연결되기 때문에, 눈에 보이지 않을 뿐, 나와 연결되지 않은 일은 없다. 즉, 나와 상관없는 일이라 하더라도, 내가 배우고자 하는 마음만 있으면, 배울 점이 정말로 많다. 모든 것이 스승이다.

다른 사람들이 하는 말과 행동들을 관찰하는 것도 읽는 단계이다. 상사와 관계 부서의 성향, 고객의 니즈를 파악하는 것도 모두 읽는 단계라고 할 수 있다. 현대 사회는 시간을 가리지 않고, 다가오는 정보의 홍수로 인해 한 가지 일에 오랫동안 집중할 수 없을뿐더러, 진위나 빈도가 확인되지 않는 정보로 인해 혼란스러운 시대이다. 이러한 시대에 효과적인 학습, 사고법 중 하나로 '비판적 사고'의 중요성이 부각된다.

■ 비판적 관찰과 사고

앞서 말한 대로, 부자들은 모든 기존 질서나 규칙 등 남들이 정한 규칙에 대해 재정의하는 습관을 가지고 있다. 이 과정을 통해 받아들일 것, 통제 불가능한 것을 제외하고는 자신의 규칙을 정해서, 자신만의 역사를 쓰는 경향이 있는 것이다.

위와 같은 방식도 비판적 사고방식 중 하나로 볼 수 있다. 참고로, 비판적이라는 말은 상대방의 의견에 대해 반박한다는 측면에서 부정적으로 보일 수 있지만, 중요한 것을 찾아내고, 본질을 향한다는 의미로도 해석된다. 사람들은 비판적 사고의 방법론으로 다양하게 설명하고 있다.

① 두 번, 세 번 질문 하기, 다르게 생각하기, 답을 찾기.
② 한 걸음 물러나기, 감정 내려놓기, 5초 뒤 반응하기
③ 누가 옳고, 그른 것이 아닌, 본질과 실체를 파악하기
④ 다양한 관점에서 바라보고, 잘게 쪼개어 보기

필자의 생각을 다시 정리해 보면 다음과 같다.

"The difference between successful people and really successful people is that really successful people say no to almost everything."
"성공한 사람과 정말로 성공한 사람의 차이는, 정말로 성공한 사람은 거의 모든 것에 '아니요'라고 말한다는 것이다."

—Warren Buffett

■ 자신에 대한 객관화

스스로 하는 생각과 판단 기준은 어떤 면에서 사회가 심은 것이

고, 그런 기준에 의해 나의 선택과 결정은 반자동적으로 이루어지는 것일 수 있다는 합리적 의심을 의심하는 것이다. 또한 사람은 감정의 동물이기 때문에, 쉽게 반응하기보다는 잠깐의 멈춤을 통해 더 이성적으로 변할 수 있는 물리적인 시간차를 두는 것도 중요하다. 말하는 것보다 듣고, 보고, 느끼는 등 관찰의 비중을 높이는 것도 좋은 자기 객관화 방법이다. 필자는 후배들에게 지금 하는 말의 80%를 줄이라고 말하곤 한다. 이를 위해선 자기 생각과 신념에 대한 객관화가 필수다. 자신만의 생각과 기준이 틀릴 수 있다는 전제가 없으면, 자기 객관화는 현실적으로 불가능하다. 단지, 스스로 겸손하다고 떠드는 것뿐일 것이다.

"Observe everything, admire nothing."
"모든 것을 관찰하되, 아무것도 숭배하지 마라."

—Napoleon Bonaparte

■ 현상에 대한 형상화

관점을 다르게 하여 그 현상을 온전히 볼 수 있는 훈련을 해야 한다. 사물의 온전한 모습을 보려면 앞뒤, 좌우, 위아래 등 보는 위치를 바꾸어야 그 모양을 제대로 그려낼 수 있다. 그러나, 우리가 바라보는 사회 현상은 이렇게 보지 않는다. 개인화된 미디어, 검증되지 않은 뉴스 등에 사람은 반응한다.

사회 현상을 다각적으로 본다는 현실적으로 어렵다. 사물은 일정한 형상이 있지만, 사회 현상은 사실 특정한 형상이 있는 것이 아니고, 과정과 이해관계가 형상이라고 할 수 있다. 현상을 다각적으로 본다는 것은 그 현상의 지나온 과정과 이해관계를 파악한다는 것이다. 뉴스 기사나, 댓글은 이러한 과정과 이해관계를 모두 반영하지 않는다. 그들의 관점을 반영하는 경향이 있다.

"To see we must forget the name of the thing we are looking at."
"우리가 보고 있는 것의 이름을 잊어야 비로소 볼 수 있다."

—Claude Monet

■ 타인에 대한 존중: 질문으로 질문을 완성하고, 답을 찾는다

사람들의 소통 방식은 저마다 다르고, 소통은 매우 어렵다. 인지하는 방식과 표현하는 방식이 다르고, 그래서, 상대가 가진 시간과 내가 표현하는 데 걸리는 시간이 다르기 때문이다. 시간 제약으로 인해 표현은 매우 단순해지고, 집약적으로 변한다. 제대로 소통될 리가 없고, 각자의 관점에서 해석하고, 판단하기 쉽게 된다. 서로가 서로에게 편견을 가지게 된다.

그래서, 가장 효과적인 소통법 중 하나는 바로 질문을 통해 상대방이 스스로 답을 찾게 하면서, 흔히들, 컨설팅과 코칭의 차이는 소통 방식이 마침표와 물음표라고들 한다. 컨설팅은 상대에게 답을 제시하는 것이고, 코칭은 질문을 통해 상대방이 스스로 답을 찾도록 유도하는 것이다.

질문하는 방식은 여러 가지가 있다. 필자는 영업 팀에서 근무하기 때문에 주로 팀원들과 고객과 관련된 일에 대해 논의할 때, 본질적인 질문을 통해 스스로 답을 찾게 하는 방식을 취하려고 노력하는 편이다.

"왜 그것을 하려고 합니까?"
"그것을 함으로써 서로가 가질 수 있는 가치가 무엇인가요?
"그래서, 내가 무엇을 해결해 주면 되나요?"

지원 부서 팀장에게, 고객사 팀장에게 전화 한 통화 넣어 달라는 이야기를, 다들 참 어렵게 오랫동안 하는 편인 것 같다. 질문을 확인하는 질문, 상대방의 자유로운 의견을 물어보는 열린 질문, 우리가 맞다고 생각했던 것에 대한 의심과 비판적 질문, 그래서, 결국, 우리가 얻으려고 하는 것이 무엇인가에 대한 본질적 질문을 던져야 한다. 사람이 다르고, 표현하는 방식은 천차만별이기 때문에, 겉으로 보이는 모습은 중요하지 않다. 이를 통해 우리는 서로의 편견을 걷어 내게 되고, 서로가 서로에게 경청하게 되는 것이다. 정말로 피해야 하는 질문은, 내 의견이 옳음에 대한 동의를 받으려는 질문, 답변을 강요한 질문이다. 이는 책임을 전가하는 것이 될 수 있다.

질문은 절대 한 번에 완성되지 않는다. 끊임없이 질문을 던지는 것이, 스스로, 서로가 답을 찾아가는 과정일 것이다. 이것이 말하지 않는 것을 스스로 말하게 하는 방법이고, 본질을 파악하고, 스스로 찾게 하는 가장 좋은 방법이라고 생각한다. 스스로에게, 타인에게 직설적이지만, 정중하게 질문하는 훈련을 해야 한다.

"The most important thing in communication is hearing what isn't said."

"커뮤니케이션에서 가장 중요한 것은 말하지 않은 것을 듣는 것이다."

—Peter Drucker

■ 기간에 대한 객관화

사물은 정해진 모습을 가지고 있지만, 사회 현상은 시간에 따라서 형상이 변형된다. 사람이 아침, 저녁의 정신상태가 다르듯이, 사회 현상도 시간이 지나면서 다른 모습을 보이게 된다. 사람은 어떤 상황에 놓이느냐에 따라 다른 모습을 보이기도 한다. 그러나, 본질은 바뀌지 않는다. 사람이 바뀌지 않는다. 주변의 상황이 바뀌는 것이고, 거기에 적응하는 것뿐이다.

눈앞에 보이는 사람, 뉴스에서 보도되는 사건 사고들은 본질이 아니다. 눈앞에 보이는 것을 가지고 판단하는 것이 바로 편견을 가지는 것이다. 일정 시간 동안, 변화된 환경, 즉 다양한 각도에서 바라보는 것이 제대로 본질을 보는 것이다. 우리는 지위가 바뀌면 사람이 달라졌다는 표현을 하지만, 그 지위라는 상황이 그 사람의 행동이 달라지게 한 것이지, 사람이 바뀐 것은 아니라는 점을 인식할 필요가 있다.

"The fundamental cause of trouble in the world is that the stupid are cocksure while the intelligent are full of doubt."
"세상에 문제가 생기는 근본적인 이유는 어리석은 자들은 확신에 차 있는 반면, 지혜로운 자들은 의심으로 가득 차 있기 때문이다."

—Bertrand Russell

■ 글로 쓰고, 또 다른 타인에게 설명한다는 마음으로 읽기

책을 읽을 때, 영화를 볼 때, 교육을 받을 때, 회의를 할 때, 어떤 마음가짐으로 임하는지에 따라서, 그 효과성이 많이 달라진다.

회의록을 써야 한다고 가정해 보자. 목적은 회의하는 것이 아닌, 회의록을 쓰는 것을 변하게 된다. 아마도 심지어 녹음까지 하고 싶을 것이다. 또한, 그 회의록을 참석자와 관계자들에게 회의록을 보내서, 그 회의 결과에 따라 실행한다고 가정해 보자. 회의록을 정말 잘 적어야 하는 것이다.

아무 생각 없이 회의에 참석했다가. 회의 끝나고, 회의록을 가져

오라는 상사의 요구에 당황한 적이 없던가? 회의록을 적기 위해, 참석자들에게 무슨 말을 했었는지 물어본 적이 없던가?

글을 쓴다는 마음으로, 사람들에게 설명한다는 마음으로 읽어야 한다. 읽는 깊이가 달라진다. 군이 쓰지 않더라도, 머릿속에서 항상 쓰듯이 듣고, 읽는 습관을 들이면, 몰입하게 될 것이다.

2) 쓰는 단계: 한 줄 메시지

"모든 것을 한 줄로 표현할 수 있어야 한다."

읽은 것, 경험한 것, 학습한 것을 글로 정리하는 단계이다. 회의 후 회의록을 남기는 것, 독후감을 쓰는 것, 제안서를 쓰는 것, e-mail, 문자 메시지를 쓰는 것 모든 것이 쓰는 단계다.

어떻게 하면, 내가 원하는 것을, 상대방에게 글로 전달하고, 나의 목적을 달성할 것인가? 사람들은 대개 말하는 것에는 적극적이지만, 글을 쓰는 것에 대해서는 소극적인 듯하다. 그러나, 우리는 수많은 메시지, e-mail 속에서 살고 있다. 외국계 회사는 일하는 방식에 대한 평가를 e-mail로 평가를 하기도 한다. 얼마나 빨리, 정확한 내용을 전달하는지를 중요하게 생각한다. 지금 담당하는 일본계 회사는 내가 메일을 보내면 답을 하기 전에 메일을 잘 받았고, 준비해서 보내주겠다는 메일을 먼저 보내기도 한다. 상당히 빠르다.

이렇듯, 사실 우리는 수많은 글쓰기의 환경에 노출되어 있고, 사람들이 적는 방식은 저마다 다르다. e-mail을 받아보는 순간 읽고 싶은 내용이 있고, 열어보지도 않고 지워버리는 메일도 많다. 메일을 보내고, 왜 안 읽느냐, 왜 답을 안 하느냐 서로 채근하기도 한다.

어떻게 하면, 나의 이메일이 읽히게 할 것인가?

몇 가지 구성요소가 있다. 회의록을 가정해 보자. 사실 아래 사항은 소통의 3요소에 관한 내용이다. 이것을 이해하면, 읽기, 쓰기, 말하기가 매우 빨라지고, 효과성도 확보할 수 있다. 나중에 자세하게 설명하고자 한다.

① 회의에 참석해서, 내용을 잘 듣는다. 읽는 단계이다.
② 읽은 내용을 글로 잘 정리한다. 쓰는 단계이다.
③ 쓴 내용을 사람들에게 보낸다. 말하는 단계이다.
④ 읽히거나 버려지고, 설명을 요구하기도 한다.

모든 글은 자기의 얼굴이다. 설명이 필요 없도록 써야 한다.

■ 관점의 설정: 상대방의 눈높이에 맞출 것

읽는 사람의 관점에서 눈높이를 맞춰야 한다. 사람들의 인지 방식은 저마다 다르다. 상대방이 미국인인데 한국말로 메일을 보내면 읽히지 않는다. 스팸메일일 뿐이다. 상대방의 관점을 알려면 상대가 누구인지, 어떤 성향을 지니고 있는지, 언어 습관은 무엇인지 등에 대한 정보가 없으면 제대로 쓰기 어렵다. 글자 크기, 폰트, 글의 순서 등 상대방의 관점에 따라 모든 게 달라진다.

■ 한 줄 메시지: 말하고 싶은 것을 한 줄로 적을 것

1시간 회의를 해본들, 결국 말하고 싶은 것은 한 줄이다.
"앞으로 무엇을 할 것이고, 해야 하는가?"
행동이 수반되지 않는 회의는 참석한 사람들의 시간을 전부 버리는 것이다. 사람들은 말을 많이 한다. 너무 많이 표현한다. 에둘러서 표현한다. 그러나 말하고 싶은 메시지는 한 줄이다. 그 한 줄을 찾아내는 것이 잘 읽는 것이고, 잘 적는 것이다. 고객 제안서 작성 시, 필자가 하는 것은 각 페이지 최상단에 그 장표에서 말하고 싶은 말을 한 줄로 적는 것이다.

■ 결론을 먼저, 두괄식으로 적을 것: 상대의 시간을 존중

정보의 홍수 속에서 나의 글이 상대의 눈에 띄게 해야 한다. 상대의 시간을 존중하면, 나의 글도 읽힐 것이다.

■ 목적과 가치, 그리고 후속 업무(To-Do)를 명확히 할 것

① 왜, 무엇을 하려고 한다. (배경과 목적을 밝힐 것)
② 그래서, 우리가 얻는 것은 무엇이다. (가치를 보여줄 것)
③ 이것을 위해 당신은 무엇을 언제까지 해야 한다. (To-Do)

■ 다른 사람에게 발표한다는 마음으로 쓰기

일기장이 아니라면, 보여지지 않는 기록은 아무 의미가 없다. 일종의 타임캡슐처럼 10년 전의 모습을 바라보기 위해 글을 쓰는 경우를 제외하고는, 타인에게 보여지기 위해 우리는 글을 쓴다. 글을 쓰는 이유는 또 있다. 내가 모든 사람에게 다가가서, 설명할 수 없기 때문에, 글로 하고 싶은 말을 전하는 것이다.

플래카드, 광고판, 각종 TV 프로그램, 영화, 음악, 그림, 피켓, 책, 웹툰 등 이 모든 것은 '다른 모양의 글'이다. 이 글들을 다른 사람들이 보는 순간 당신은 이미 그에게 '그 어떤 말'을 하는 것이다. 모든 사람은 어떤 식으로든 우리에게 말을 하고 있는 것이다. 불특정 다수에게 전하고 싶은 메시지와 감성이 있는 것이다.

읽힌다는 것은 내가 말하는 것과 같다. 단지, 눈앞에 없을 뿐이다. 글은 자기의 얼굴이기 때문에 함부로 적으면 안 된다. 익명이라고 해서, 괜찮은 게 아니다. 그런 글을 쓰다 보면, 자기 얼굴에 다 드러나게 되어있다. 악성 댓글이 읽히는 순간, 당신은 말을 하고 있는 것이다. 만일, 면전에서 그런 말을 할 수 있다면, 아마도 당신은 악마일 것이다.

모든 글은 읽히고, 내가 사랑하는 사람들도 그 글을 읽을 수 있고, 자신의 인격뿐만 아니라, 나이가 들면, 얼굴에 다 드러나게 되어있다. 모든 글에 스스로의 무게를 싣기를 바란다.

"The pen is mightier than the sword."
"펜은 칼보다 강하다."

— Charles Dickens

3) 말하는 단계: 반응하고, 공감하는 단계

"학습은 말을 통해 완성된다. 한 번에 읽고, 쓰고, 말할 것"

말을 한다는 것은 상대가 있다는 것이다. 즉, 반응을 확인할 수 있다는 것이며, 이 말은 입과 귀와 눈이 아닌 오감으로 소통한다는 것이다. 글은 자기 생각을 정리하여 단방향으로 소통하는 것이기 때문에, 그 해석은 천차만별일 수 있지만, 말은 상대의 반응을 살필수 있고, 질문을 받을 수도 있다.

① 글: 단방향, 소통 부재, 작가의 생각을 적어 보여주는 영역
② 말: 양방향, 화자와 청자의 상호작용으로 완성되는 영역

세상 모든 소통이 서로 대화하면서, 상호작용하면서, 바로 잡을 수 있다. 반대로, 자신의 글을 검증받는 시간이기도 하다. 잘 읽지 못하고, 잘 쓰지 못했다면, 잘 말하지 못한다.

회의하고, 회의록을 정리하고, 다른 사람에게 발표한다고 가정하자. 그 자리에 참석해서 잘 듣지 못하고, 말한 사람의 의도를 파악하지 못하고, 회의록을 적어 발표를 한다면, 얼마나 많은 왜곡이 발생할지 상상해 보면 이해가 될 것이다.

이런 측면에서 보통 정부, 정당 대변인이라는 사람은 아마도 대표나 최고위원, 정무수석 등 주요 인사들이 참석하는 회의에 모두 참석하고, 회의록을 적고, 컨펌받고, 발표하는 순서로 진행되지 않을까, 하는 생각이 든다.

그러나, 그들이 정말로 화자의 의도를 온전히 담아내어 발표하는지는 잘 모를 영역이다. 그래서 가끔 사고가 나고, 정정하는 것 같은 생각이 든다. 대통령 등 주요 연설 비서관 출신들은 작가로 활동하기 가장 중요한 역량을 가지고 있을 수 있다.

회사에서 보고서를 작성하여, 회의 시간에 발표할 때, 부하직원이 작성한 보고서를 발표한 것이라면, 한두 가지 질문만 하면 말문이 닫히는 경우를 많이 볼 수 있을 것이다. 본인이 직접 경험한 경우, 직접 작성한 경우, 다른 사람이 작성한 글을 읽는 경우, 각각의 경우에 대화의 수준이 달라진다. 그래서, 말을 하기 위해서는 다음과 같은 조건이 붙는다.

① 직접 경험한 것을 기록할 것
② 직접 기록한 것을 말할 것

적어도 ②번은 지켜야 한다. 부하직원 육성 관점이 아니라면, 적어도 보고서는 스스로 작성해야 한다. 다른 사람에게 보고서를 시킨다는 것은 그 보고서를 완성하는 시간이 매우 오래 걸린다. 이는 다른 사람의 시간을 존중하는 것이 아니며, 시간비용 관점에서 효율적이지 않다. 그래서 사람들은 읽고, 쓰고, 말하는 과정에서 배운다는 것이다. 말을 하기 위해서는 적어도 10번 이상 읽어야만 가능하기 때문이다. 결국, 말을 한다는 것은 남을 위해서 말하는 것이 아닌, 자신의 학습을 완성하기 위해 하는 배움의 마지막 단계일 것이다.

글을 써야만 말을 할 수 있는 것은 아니다. 주변에 보면, 대화하면서도 잘 정리하면서, 대화하는 사람들이 있을 것이다. 그 사람은 대화하는 중간에도 이미 머릿속으로 쓰고 있는 것과 다름없다. 결국, 읽고, 쓰고, 말하기를 훈련하다 보면, 쓰지 않아도, 읽은 것을 잘 정리해서 표현할 수 있는 것이다. 말을 잘하는 방법, 소통을 잘하는 방법으로 필자는 아래를 강조한다.

① 혼을 담아 작성하고, 결론을 먼저 말할 것
② 기타 사항은 적은 것에 집착하지 말고, 질문에 충실할 것
③ 질문을, 상대방의 말을 들을 때는 혼신의 힘으로 들을 것
④ 질문이 애매하면, 질문의 의미를 다시 질문할 것
⑤ 반응하기 전, 답을 하기 전, 1초의 여유를 가질 것

■ "1초의 멈춤"을 습관화할 것

1초 동안 많은 것을 할 수 있다. 질문을 이해하고, 답변을 준비하는, 즉 읽고, 쓰기에 충분한 시간일 수도 있다. 잠깐의 멈춤을 갖기를 바란다. 한번 나간 말은 주워 담을 수 없다.

일화를 하나 소개하고 싶다. 상황은 일본 유명한 자동차 회사 고

위급 임원이 필자의 회사를 방문하여, 회사 소개를 하고 협력 방안을 논의하는 자리였다. 일본 회사와 중국 회사는 가급적 자국의 언어로 소통하기를 원한다. 그래서 회사에서 가장 일본어를 잘한다는 직원을 섭외하여, 일본어로 회사와 상품 소개자료를 발표하도록 한 것이다. 일본어로 작성된 자료에 한글로 스크립트를 만들어 주고, 일본어로 자신이 번역하여 발표만 하면 되는 자리였다. 3번의 리허설도 했는데 미팅 당일 사고는 벌어졌다. 발표를 시작한 지 약 2분도 안 되어, 목이 잠기기 시작했고, 호흡 곤란까지 오기 시작한 것이다. 분위기는 상당히 안 좋았고, 상대측 회사 임원은 휴대전화를 만지작 하기 시작했다. 점점 호흡은 가빠졌고, 급기야 말을 못 하는 상황까지 왔다. 상대측 임원은 그만할 것을 제안하고, 궁금한 것은 질문을 하겠다고 제안한다.

그때부터 회의는 영어로 진행이 되었다. 물론 분위기는 좋았다. 그러나, 회의 뒤 들려오는 소리는 좋았을 리가 없다. 통역이 대표적으로 자신이 경험하지 못한 것을 말하는 경우다. 일상생활 용어가 아닌 비즈니스 용어는 다르다. 내용을 알지 못하면 답변할 수 없다. 남이 만든 내용을 대신 읽은 것은 앵무새와 같을 수 있다. 언어를 잘 못 하더라도, 직접 하는 것이 낫다.

4) 가장 훌륭한 '말'은 '자기의 행동'이다

필자가 책을 읽는 방식은, 읽으면서 동시에 기록한다. 휴대전화 메모장에 좋은 그림이 있으면, 사진으로 찍어 그 메모장에 첨부한다. 그리고, 괜찮은 책이 있으면 그 책이 어울릴 만한 사람에게 추천하거나, 선물을 하기도 한다. 선물과 추천이 마지막 단계, 즉 말하는 단계일 것이다. 세 아들의 인생 책을 선물로 주기 위해 집중적으로 책을 읽고, 읽은 책을 다시 읽은 적도 있다. 그래서 5권을 만들었지만, 아직은 읽지 않고 있다. 이런 과정도 나는 아들에게 말을 하고 있는 것이라고 본다.

사람들은 저마다 다른 생각을 하고, 말을 하고, 행동을 한다. 그러나, 가장 위대한 말은 바로 자신의 '행동'이다. 부모가 공부하라고 잔소리하는 것보다 책을 읽는 모습을 보여준다면, 그것이 곧 위대한 말이 된다. 행동이 수반되지 않는 말은 그저 직접 경험하지 못한 것을 주변에서 추천하는 것을 마치 자신이 경험한 것처럼 왜곡하는 것일 수 있다. 이는 자신의 히스토리가 아니다. 타인의 히스토리를 강요하는 것밖에 안 된다.

① 행동과 말이 같은 사람의 말은 힘이 있다. 자신의 역사이다.
② 행동과 말이 다른 사람의 말은 무시된다. 반발이 생긴다.

아리스토텔레스가 말한 설득의 3요소가 있다.

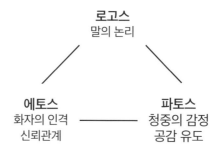

① 로고스(Logos): 말의 내용에 논리적, 실증적인 근거, 합리적인 이치가 있어야 한다는 것을 의미한다.

② 파토스(Pathos): 듣는 사람의 심리를 파악하고, 감정에 호소하고, 공감을 이끌어 내는 방법이다.

③ 에토스(Ethos): 에토스가 가장 중요하다고 보았다. 말하는 사람의 평판, 그동안 쌓은 신뢰 등이 말에 신뢰성을 준다.

좋은 논리를 가지고 있다고 해도, 본인의 평판이 좋지 않다면, 상대방의 상태를 파악하지 못한다면, 좋은 소통을 할 수 없다.

06

소통은 어떻게 이루어지는가?

부자들은 간결하게 소통한다. 타인의 시간을 존중하므로, 경청하고, 그들의 언어로 질문을 통해 스스로 답을 찾게 유도한다. 부자는 정확하게 듣고, 문제를 해석한 후 정확하게 답을 한다.

사람들은 저마다 시간길에서 마차를 끌고 가면서, 많은 사람을 만나게 되고 이들과 소통하면서 길을 가게 된다. 때로는 싸우기도 하고, 함께 가기도 한다. 이 사람들과 소통하는 방법을 알면, 훨씬 걸어가는 발걸음이 가벼울 것이다. 기본적으로 소통은 거부할 수 없으며, 소통을 통해 사람들은 연결된다. 본 내용은 개인 간, 기업 간 방식이 약간 다르다.

개인도 연결되어 있는 관계가 복잡하고, 조직도 기능별, 직급별로 너무 세분화되어 있기 때문에 매우 복잡하다. 본 내용은 방법론이 너무나 다양하기 때문에, 본 책에서는 개략적인 것만 설명하고, 기회가 된다면, 차후 자세하고 다루고 싶다.

소통에는 기본적으로 3가지 요소가 존재한다. 나 자신과 상대방이 있고, 소통하는 수단, 그리고 소통하는 방법이 그것이다.

■ 송/수신자: 소통의 주체, 나와 상대방

사람들은 자신만의 고유한 시간길을 걸어오면서, 사물을 바라보는 습관, 사용하는 언어 등이 달라진다. 그리고, 인지구조가 달라, 같은 말이라도 서로 이해하는 방식이 다르다. 그러나, 어떻게든 필요하면 소통하게 되어있다. 갓 태어난 아기와 부모, 아이들의 표정을 예측해서 아이가 원하는 것을 들어준다. 그러나, 이는 부모가 적극적으로 아이의 눈높이에 맞추려고 노력하기 때문에 가능한 것이다. 사람들 간의 소통을 제대로 하려면, 가장 중요한 것이 바로 나와 상대방을 이해하는 것이다. 그래야 전달 매체와 프로토콜을 정할 수 있다.

■ 전달 매체: 소통의 경로

나 자신의 마음과 말을 상대방에게 전달하는 수단이다. 직접 말로 할 수도 있고, 전화를 할 수도, 문자를 보낼 수도 있다. 현대 사회에는 이러한 전달 매체가 너무나 다양하기 때문에, 효과적일 수도, 혼란스러울 수도 있다. 위에서 말한 상대방 즉, 수신자의 상태에 따라서 전달 매체를 다르게 선택하는 요령이 필요하다. 때로는 말이 필요 없이 시간이라는 매체를 이용하기도 한다. 침묵과 일정 기간의 시간이라는 것도 중요한 전달 매체 중 하나이다.

■ 프로토콜: 소통의 규칙, 눈높이

소통의 형식과 관련된 내용이다. 상대방이 한국어를 모르는데, 한국어로 이야기하는 것이 무슨 소용 있겠는가? 상대방이 한국어이면, 소통하는 데 어려움을 느끼지 못하지만, 만일 외국인이라고 하면, 일단 한 번씩 주춤할 것이다. 상대방이 어린아이라고 가정하자. 어른들이 사용하는 용어로 어린아이와 소통해 본들 아무 소용이 없다. 눈높이를 맞추는 것도 프로토콜을 맞추는 것 중 하나이다.

소통은 사람 사이에서만 일어나는 것이 아니다. TV를 보고, SNS 에 반응하고, 책을 읽고, 자연에서 힐링을 얻고, 불의에 광분한다. 소통은 작용과 반작용, 자극과 반응으로 표현할 수 있다. 그 자극이 선택적 자극이든, 외부로부터 주어지는 자극이든, 우리는 반응한다. 소통을 하는 것이다.

도시와 도시를 연결하기 위해 도로를 건설하고, 터널을 뚫는 것, 국가 간 항로를 정하고, 국가 번호를 부여하여 통화가 가능하게 하는 것도 소통이다. 속도제한의 룰을 정하고, 버스전용차로를 설정하는 것도 차들이 서로 잘 소통하면서, 왕래하도록 하는 하나의 소통 규칙이다.

이렇듯 소통을 구조적으로 이해하는 것은 사람의 능력 중 가장 위대한 능력이다. 소통의 주체, 구조, 방식에 대한 이해는 여러분이 살아가는 데 있어, 두려움을 없애주고, 침착하게 대응하는데 큰 도움이 되리라 확신한다.

1) 나와 상대방(소통의 주체)

나는 누구이고, 무엇을 원하는가? 상대방은 누구이고, 어떤 사람인가? 상대방은 왜 나와 소통하기를 원하는가? 나는 상대방에게 매력적인 사람인가?

내가 원하든, 원치 않든 우리는 소통해야 하고, 모든 소통에는 나와 상대방이 있다. 서로를 알아야 소통이 가능하다. 현대 사회에는 불특정 다수가 SNS에 모여 세력을 모아 소통을 하기도 하고, 우리는 그에 반응을 하기도 한다. 이 말은 상대가 누군지도 모르게 소통하는 경우가 늘어나는 것이다.

우리는 미국인, 아프리카인, 한국인을 만나서 이야기할 때 소통하는 방식이 달라진다. 어린아이와 노인을 만나도 달라지며, 상사와 고객과 소통할 때도 태도가 달라진다. 소통은 방송이 아니기 때문에, 상호작용하면서 전개될 수밖에 없다. 한쪽이 일방적으로 맞추는 것은 없다. 노예 시대나 가능할지 모르겠다. 소통을 잘 하기 위해서는 어떤 것이 필요할까?

먼저, 상대에 대한 정보는 가장 중요하며, 소통의 출발점이다. 상대를 알아야 나의 소통 방식을 정할 수 있는 것이다.

그렇다면, 어떤 정보를 알아야 하는 것일까?

■ 상대가 진정으로 원하는 것이 무엇인가?

겉으로 드러난 모습, 요구사항이 진실이 아니다. 위에서 말한 것처럼, 사람은 글을 쓰거나, 말하는 능력이 그리 뛰어나지 않다. 축약해서 말하기 때문에, 드러난 것만으로는 그것이 본질이라고 착각하는 순간, 소통은 아마도 실패할 것이다.

■ 상대가 원하는 것의 가치를 파악해야 한다.

상대가 매긴 가격은 가치와는 다르다. 가격은 상황과 시간에 따라 늘 변한다. 내가 그 어떤 상황을 바꾸면, 가치를 다르게 할 수 있다는 의미로 해석이 된다. 드러난 가치, 매긴 가격에 얽매이지 말고, 그 가격이 형성된 상황을 파악하는 데 주력해야 한다. 그리고, 할 수 있다면, 그 상황을 조작하는 것이 이기는 전략이다.

■ 상대가 가진 파워의 실체를 파악해야 한다.

옷을 구매한다고 가정하자. 만일 상대방이 사장인 경우와 고용한 직원인 경우는 파워의 크기가 다르다. 고용한 직원한테 할인을 말해 본들 승인을 받아야 한다는 말만 반복할 뿐이다. 반대로, 사장의 경우는 다르다. 할인을 요구할 수도 있고, 다른 브랜드의 옷을 살 수도 있음을 암시적으로 협박하기도 한다. 한편으로 위임을 받은 직원은 어떨까? 이 경우, 직원은 사장보다 오너십이 없기 때문에 아마도 가장 협상하기 좋은 상대일 수 있다.

■ 상대의 의사결정 구조를 파악해야 한다.

이것은 의사결정을 함에 있어 누가 개입을 하는지를 점검하는 것이고, 그 개입하는 사람들의 성향까지 파악한다면 직접 상대방을 상대하기가 훨씬 쉬워질 것이다. 앞에서 말한 사장이 고용한 한 직원에게 어떤 위임을 했는지를 파악하는 것이 파악하는 것과 같은 것이다. 무조건 재고를 밀어내라고 한 것일 수도 있다.

다음으로, 자기 자신에 대한 확정적 인식, 선택과 집중을 위한 객관화다.

■ 내가 무엇을 할 수 있는가?

자신이 가지고 있는 것과 역량을 점검하는 것이다. 내 제품의 경쟁력이 어떤지, 내가 과연 이길 수 있는 싸움을 하는지를 점검하는 것이다. 이길 수 없는 싸움을 할 것이라면, 그 싸움은 다음으로 미루는 것이 낫다. 어차피, 기회는 다시 오고, 다른 전쟁터도 많다.

■ 나는 경쟁자와 무엇이 다른가?

제품의 우열이 아닌 차이점을 도출해야 한다. 내가 가진 것과 상대가 가진 것을 비교하여 차이점을 도출해 내고, 고객이 원하는 것을 제공하는 데 있어 그 차이점이 어떤 가치가 있는지를 찾아내는 것이다. 나에게 없는 기능이라면 그리 중요하지 않은 기능이고, 나만이 가진 기능이 핵심 기능이라면 무조건 이기는 싸움일 것이다. 그런데, 사실 이런 기능은 많이 없다. 이러한 차이점이 핵심이라는 논리를 만들어 어필하는 것이다. 이것이 홈쇼핑 쇼호스트의 판매 비결이라고 한다.

■ 내가 가진 파워는 무엇인가?

나는 적어도 그 프로젝트를 거부할 수 있다. 해당 브랜드의 옷을 거부하고, 다른 브랜드를 선택할 수도 있는 것이다. 반대로 판매하는 입장에서는 그 고객 외에 다른 고객을 선택할 수 있다면 거래는 성사되지 않는다. 판매자의 입장에서 이런 파워를 가지기는 쉽지 않다. 그러나, 노력해야 한다. 좋은 제품을 만들면, 사람들이 줄 서서 구매하듯이, 좋은 제품을 브랜딩하는 것이 중요하다.

■ 선택과 집중: 내가 원하는 것은 무엇인가?

위와 같은 정보를 바탕으로 선택해야 한다. 세상에 이것 아니면 안 되는 것은 없다. 자신의 마음을 내려놓던가, 다음 기회로 미루든가 결정해야 한다. 인생길에서 영원히 다시 오지 않는 기회는 없다. 다만, 한번 놓친 기회를 다시 잡기 위해 노력하지 않는 것, 자신을 가꾸지 않는 것이 진정한 실패이다.

■ 누가 파워를 가지는가? 대안을 가진 사람이다.

판매하는 입장에서는 구매자를 선택할 수 있다면 가격을 높게 책정하고, 심지어 경매를 진행할 수도 있다. 반대로 구매하는 입장이라면, 판매자의 제품보다 더 나은 제품을 선택할 수 있고, 가장 좋은 제품이라 하더라도 일부 성능을 포기해서 차선책을 선택할 수도 있는 것이다. 대안을 가지고 있는 사람은 모든 협상에서 이길 수밖에 없다.

사람들의 모든 활동의 목표는 대안을 가지기 위한 것이다. 공부하고, 실력을 기르고, 인사권을 가지고, 돈을 버는 것은 결국 대안을, 즉 선택권을 자신이 가지기 위함이다. 대안을 가지는 방법은 두 가지인데, 선택할 수 있는 힘을 가지거나, 그 선택을 포기하거나, 차선의 선택을 하는 겸허한 마음을 갖추는 것이다. 선택을 하지 않는 것이 가장 중요한 선택일 수 있다.

나는 왜 이것을 가지려고 하는가? 왜 이것이 필요한가? 이런 질문을 반복하다 보면, 본질에 가까워질 것이다.

■ 소통의 주체는 직접 상대방이 아니다.

소통의 주체는 사실 바로 앞에 있는 상대방, 즉 사람만 있는 것이 아니다. 내가 영향을 받고 반응하는 모든 것, 즉 나에게 신호를 주고, 내가 그에 반응한다면, 모든 것이 송·수신자이다. 비가 오면, 우산을 준비하고, 추우면 두꺼운 옷을 입고, 맛있는 음식을 보면 군침이 흐른다. 이것도 일종의 소통이다.

그래서, 주변에서 나에게 반작용, 즉 반응을 유도하는 모든 신호, 즉 작용들의 본질을 파악하는 노력을 해야 한다. 송수신은 사람끼리에만 일어나는 것이 아니다. 자연과 동식물과 소통하기도 한다. 봄이 되면, 기온과 햇빛과 소통하여 새싹이 돋는 것도 소통의 결과이다.

모든 현상을 이러한 송·수신자 관점에서 바라보면, 학습이 매우 빨라진다. 나에게 신호를 보내는 모든 것, 내가 반응하는 모든 것이 송신자라고 생각하고, 그가 보낸 신호가 정확히 무슨 의미인지 의문을 가지는 습관을 들여야 한다. 그의 신호를 따라 즉각적으로 반응하는 것은 자신의 습관에 의해, 친구의 결정에 의해 관성적으로 이루어지는 것일 수 있다. 자신의 반응을 의심해야 한다. 충동구매와 같다. 그 송신자의 의도가 무엇인지에 대한 의구심을 품고, 그 진의를 파악하는 노력, 이것이 본질을 찾는 노력이다.

■ 소통 안에 숨겨진 수많은 소통 주체

유튜브 영상을 보고 어떤 감정을 느낀다면, 1차 송신자는 스마트폰이지만, 2차 송신자는 영상 제작자일 것이고, 또한 그 영상을 만들게 만든 그 어떤 계기, 신호를 받아서 그 영상을 제작한 것이다. 뉴스를 송출하는 것도 기자의 말을 듣지만, 기사를 송출하기까지는 많은 과정을 거치기 때문에, 기자의 말만은 아일 것이다. 누군가의 관점이 반영되어 보도될 가능성이 높다. 나에게 신호를 보내는 그 무엇 뒤에 숨겨진 주체를 생각하면, 자신뿐만 아니라 상대에 대한 객관화를 이룰 수 있을 것이다.

누가 나에게 명품을 구매하라는 신호를 보내는가? 가진 돈? SNS의 사진? 제작자의 마케팅 전략? 연예인의 사진? 큰 부자가 되지 못한 데 대한 보상 심리? 우리는 너무나 많은 신호를 받고 있고, 선택을 강요받고 있다.

필자도 경험을 통해 깨달은 바가 있다. 지금도 필자는 글로벌 영업을 하고 있는데, 사람의 언어능력도 상대에 따라 달라진다는 것을 깨달았다. 미국인을 만나서 영어를 쓸 때와 일본, 중국 등 아시아인과 영어를 쓸 때 자신감이 달라진다는 것을 개인적으로 느끼고 있다. 사람들은 자신보다 잘하는 사람 앞에서는 위축되고, 못한다고 생각하는 사람에게는 자신감을 얻는 듯하다. 심지어 상대가 훨씬 더 큰 회사로서 중요한 고객임에도 불구하고, 왠지 모를 자신감에 영어가 훨씬 수월해진다는 것을 느끼곤 한다.

이처럼, 송·수신자는 상대방의 상태에 따라 상호 교감하면서 서로의 파워를 확인하면서 소통한다. 상황의 우위에 있다고 해서, 함부로 할 권리는 없다. 그런 자신감이 생길수록 더 겸손해야 한다. 말을 잘하는 것과 일을 잘하는 것은 다르다. 자신 있게 말하되, 매 순간 겸손해야 한다.

2) 소통 수단(전달 매체)

도로, 교량, 터널, 항로 등 길을 내고, 차, 비행기가 다닌다. SNS, e-mail, 전화 등 다양한 방식, 즉 길을 통해 연결된다. 소통 수단, 즉 전달 매체는 사람들 서로 소통할 수 있는 길에 해당한다. 특히 스마트폰이 나오고 난 후 이러한 소통 수단 너무나 다양해졌다. 굳이 말이 필요 없어진 시대에 살고 있다. 그러나, 우리는 소통해야 한다.

매체는 지속 발전하고, 다양해진다. 매체는 사람들의 불편함을 극복하는 과정에서 발달한다. 글로벌 회사가 미국에 많은 이유는 지리적 여건이 크게 작용했다. 페이스북, 줌/팀즈, 아마존, 우버, 구글, 넷플릭스 등 그 수를 헤아릴 수가 없다. 소통하고 싶은데, 갈 수가 없는 것이다. 이러한 불편함이 혁신을 만들어 낸 것이다.

왜 도로를 건설하는가? 왜 터널을 뚫고, 다리를 건설하는가?

소통하기 위해서이다. 산을 돌아서, 물을 건너서 만나기에는 너무 멀고, 불편하므로. 빨리 갈 수 있는 수단과 매체를 만드는 것이다. 일상생활 주변에 매체는 너무나 다양하다. 자동차, 버스, 지하철, 사람의 다리를 통해 이동하고, 엘리베이터를 타고 건물 상층부로 이동한다. 휴대전화를 통해 뉴스를 보고, TV를 통해 드라마를 본다. 명품 옷을 보면 갖고 싶은 것도 눈이라고 하는 매체가 작용한 것이다. 비행기를 타고 해외여행을 간다.

이러한 물리적인 소통 수단과는 달리 사람들과의 소통은 약간 다른 요인이 작용한다. 나와 상사의 거리가 미국보다 멀게 느껴진 적이 없는가? 심리적 상태, 관계의 설정, 지위의 차이, 구매자와 판매자 등 상대방의 상태에 따라 영향을 많이 받게 되는 것이다.

그렇다면, 소통의 상대방은 매체, 시간, 장소에 영향을 받는다.

① 어떻게: 전화, 메일, 문자, 대면 목소리 등
② 어디에서: 회의실, 식당, 골프장, 커피숍 등
③ 언제: 오전, 오후, 바로 지금, 일주일 뒤 등

만일, 앞에서 말한 소통의 상대방을 잘 안다면, 모든 전달 매체를 나에게 유리한 환경으로 설정할 수 있다. 그런 상황에서는 매우 성공적인 소통 효과를 볼 수 있다.

어떨 때는 상사에게 대면보고를 하고, 카톡이나 이메일로 보고하기도 한다. 회의실에서 소통하기도 하고, 외부에서 소통하기도 한다. 저녁에 술자리를 빌려 약간은 조심스러운 이야기를 하기도 하고, 술에 취해 전화해서 친근감을 표현하거나, 불만이나 넋두리를 늘어놓기도 한다.

상황에 따라 사람들은 매체를 다르게 선택한다. 대면 소통이 불편할 때 문자로 소통하기도 하고, 친해져야 할 때는 술자리에서 대면에서 육성으로 소통하기도 한다. 소통의 효율성을 확보하기 위해 선물과 같은 소품을 준비하기도 한다.

매체를 잘 선택하는 것이 나를 차별화하는 방법 중 하나다. 하지만, 매체를 선택할 수 있는 것은 상대방의 특성을 파악했을 때만 가능한 일이다. 매체를 잘 선택하면, 상대방의 상태에 변화를 주기도 한다. 한가지 사례를 소개하고자 한다.

필자가 다니는 회사의 전 CEO께서 '디딤돌'이라는 프로젝트를 가동한 적이 있다. 자신이 아는 사람들이 많으니 인맥을 디딤돌 삼아 영업으로 잘 활용하라는 것이었다. 그 디딤돌 실적을 관리했기 때문에 실행하지 않을 수 없었다.

"우리 회사 CEO와 당신 회사의 CEO가 아는 사이라고 합니다. 그러나, 저는 이러한 방식의 영업은 적절하지 않다고 생각합니다. 그러나, 알고 계셔야 할 것 같습니다. 왜냐하면, 직접 연락을 했을 때 들은 바 없다고 하면, 저도 당신도 어려운 상황에 부닥칠 수 있지 않겠습니까"

상대방은 말했다.

"아, 네 그렇군요, 알려주셔서 감사합니다. 참고해서 위에 보고드리겠습니다. 지금 논의 중인 프로젝트에 대해 보다 더 고민해 제안서를 제출해 주시면, 진중하게 검토해 보겠습니다."

그러나, 그 뒤 필자는 그 고객사 출입을 금지당했다. 전화를 받지도 않았다. 너무나 답답했다. 그렇다고 해서 CEO께 이 사실을 보고해서 고객사 CEO께 연락을 해달라고 부탁한다면 돌이킬 수 없는 상황이 벌어질 수도 있는 일이었다.

그러던 중, 필자의 회사 파트너사 직원 중 한 명이 고객사 직원과 술자리를 한다는 말을 우연히 전해 듣고 같이 참석해도 되겠냐는 의견을 물었지만, 돌아오는 답변은 어렵다고 했다. 날짜와 장소 정보만 받았다. 당일 그 저녁 자리 중간에 찾아갔다. 잃을 것이 없었다. 우여곡절이 있었지만, 결국 같이 술을 먹게 되었다.

"당신이 우리 팀장에게 우리 회사 CEO를 안다고 한 사람입니까? 당신은 그런 식으로 영업을 합니까? 우리 회사는 CEO께서 직접 그런 인맥을 동원하여 압력을 행사하는 회사는 거래 대상에서 배제하라고 안내하고 있습니다. 우리 회사와 거래를 하고 싶으면 CEO끼리 직접 하라고 하세요" 그가 말했다.

필자는 이 말에 이렇게 답했다. "나도 직장인입니다. 우리 회사 CEO가 말씀하신 것을 무시할 수는 없습니다. 직접 연락이 갈 수도 있는 상황이라 알려만 드린 것뿐입니다. 그래서 충분히 설명했고, 이렇게 반응이 올 줄은 생각도 못 했습니다. 우리 회사 CEO는 경영하는 사람이지, 영업을 하는 사람이 아닙니다. 영업에 그리 도움이 되지 않는다는 것을 잘 알고 있습니다. 그러나, 이것도 CEO의 지시입니다. 과장님이 CEO의 공지 사항에 움직이듯이 나도 CEO의 지시 사항을 따를 의무가 있습니다. 다만, 나는 그 지시에 의지할 생각은 없습니다. 우리는 회사를 대표해서 지금 만나고 있기 때문에, 지금 당신 앞에 있는 제가 지금은 CEO입니다. 거짓말을 할 생각도, 포장할 생각도 없습니다. 저와 우리 회사의 제품에 관한 판단은 내용을 보고 판단해야지, 제 말에 의해서, 만날 수도 없는 CEO가 전한 말에 의해서 판단하는 것은 아니라는 생각입니다."

그날 술자리는 오랫동안 이어졌다. 그렇지만 나는 그 고객사를 여전히 출입할 수 없었다. 약 일주일 뒤에, 실무자로부터 연락이 온다. 다시 한잔하자는 것이었다.

"이미 너무 소문이 퍼져서, 공식적인 미팅을 재개하는 것은 의미가 없는 것 같습니다. 내가 들어보니, 팀장님의 말씀에 대해 우리 팀장이 너무 예민하게 반응한 것 같고, 적극적으로 떠벌리고 다니는 것을 보니, 팀장님의 말 한마디를 가지고, 팀장님의 회사를 아예 원천 배제하려고 하는 것 같습니다. 지난번 팀장님의 이야기에 대해서는 충분히 공감하고 있습니다. 솔직하게 말씀해 주셔서 감사합니다. 그러나, 이제부터 공식적인 미팅은 포기하시는 게 나을 것 같습니다. 필요한 사항이 있으면, 실무 입장에서 알려드릴 테니, 좋은 제안을 해주시기를 바랍니다. 어차피, 제안요청서는 모두에게 갈 것이고, 입찰은 기술과 가격을 하는 것이지, 사람을 평가하는 것은 아니니, 좋은 제안을 해주시기를 바랍니다."

그 후 많은 일이 있었고, 결국 그 프로젝트는 필자가 수주했다. 다들 깜짝 놀랐다. 고객사도 놀랐고, 필자도, 필자의 회사도 놀랐다. 여기서, 필자가 선택한 소통의 매체는 비공식적 채널이었다. 그러나, 비공식적인 정보는 오히려 그 정보의 질이 훨씬 높다. 고객사가 공식적인 채널을 거부했기 때문에, 오히려 비공식 채널이 형성된 것일 수 있다. 그다음부터 비즈니스가 어떠했겠는가? 이미 게임은 끝난 것이다.

이 사례에서 필자가 선택한 매체는 '진정성'이었고, '술'이라고 하는 소품이었다. 이를 통해 '신뢰'라고 하는 중요한 매체, 즉 '길'이 생긴 것이다. 최고의 소통 매체는 '신뢰'와 '진정성'이라고 확신한다.

최선을 다해야 한다. 신뢰가 쌓였다고 해서, 자만하면 안 된다. 회사가 아닌 자신을 위해서이다. 회사에서 경험한 이런 사례는 반드시 일상과 연결된다. 사람은 바뀌지 않는다. 본질적으로 접근하고, 본질을 향하기를 바란다.

3) 소통의 규칙(프로토콜)

프로토콜의 어원은 그리스어 'protokollen'에서 찾을 수 있는데 '맨 처음'을 의미하는 'proto'와 '붙인다'라는 의미의 'kollen'의 합성어로 외교 분야에서는 '의전'이라는 의미로 사용된다. 의전이란 한 나라의 국가 원수가 외국을 방문했을 때처럼 나라의 중요한 손님을 맞이할 때 지켜야 하는 격식이다. 우리 집에 손님이 왔을 때 주인으로서 손님에게 예의를 갖춰야 하지만, 손님도 손님으로서 예의를 갖춰야 한다. 즉, 프로토콜이란 주인과 손님 간의 행동양식을 대해 미리 정한 약속이라고 생각하면 된다. 외교 분야에서 사용되는 프로토콜이라는 용어가 컴퓨터 통신 분야에서 사용되는 이유는 무엇일까? 통신에서 송신자와 수신자 간에도 약속이 필요하기 때문이다. 의전에서의 약속이 서로에 대한 예의를 위함이었다면, 컴퓨터 통신에서의 약속은 정보를 정확하고 효율적으로 전송하기 위함이다.

―네이버 지식백과

소통에도 규칙이 필요하다. 그런데 서로의 파워 크기가 다르기 때문에 누군가가 맞춰야 하는 것이다. 왜냐하면, 누군가는 아쉽고, 누군가는 굳이 맞출 필요가 없기 때문이다. 이것을 맞추지 못하면, 소통되지 않는다.

우리는 프로토콜 속에서 살고 있다. 프로토콜은 일종의 규칙이자, 상호 간의 약속이다. 신호등 색깔에 따라 멈추고, 진행한다. 출퇴근 시간이 정해지고, 출퇴근 사이에 우리의 생각이 달라진다. 우리는 이렇게 정해진 규칙을 서로 다르게 해석하기도 하고, 맞추기도 하고, 무시하기도 한다.

세상에서 정해준 규칙을 따를지를 판단하는 것은 본인의 몫이다. 부자들은 모든 규칙을 자신의 기준에 의해 재해석한 후 결정한다고 말한 적 있다. 남이 정한 규칙이라도 항상 의문을 가지고, 재정의하는 습관을 들여야 한다. 그래야 받아들일 것을 온전히 받아들인다.

아프리카 사람에게 한국어로 말해 본들, 알아듣겠는가? 종로에서 보기로 했는데, 강남으로 가면 만날 수 있는가? 부산으로 가야 하는데, 호남고속도로를 타면 어떻게 되는가?

이렇듯, 프로토콜은 소통의 기본 규칙이자, 약속이다. 사람들은 저마다 유전과 자라온 환경에 따라 저마다 다른 프로토콜을 가지게 된다. 모든 사람이 다르듯이 프로토콜도 저마다 다르다. 이런 경우, 프로토콜은 사람의 기본적인 성향이라고 표현될 수도 있다. 생각하는 방식, 현상을 바라보는 관점, 반응하는 방식, 선호하는 음식. 이런 모든 것이 프로토콜이다.

친한 친구는 프로토콜, 즉 기본적인 '결'이 맞는 경우가 많다. 기본적인 프로토콜이 비슷하다는 의미일 것이다. 하지만, 사람들은 기본적으로 서로 다른 프로토콜을 가지고 있기 때문에 두 명 이상이 만나 소통을 하기 위해서는 각자가 가진 프로토콜을 조정해서 새로운 프로토콜을 만들어야 한다. 규칙을 정하고, 약속을 정해야 하는 것이다. 그렇다면, 누가 이런 규칙을 정할 것인가?

■ 프로토콜은 누가 정하는가? 누가 맞추는가?

① 파워를 가진 사람이 정한다. 아쉬운 사람 즉 파워가 없는 사람, 그 소통이 필요한 사람이 상대방의 언어와 눈높이에 맞

취야 하는 것이다. 사실 파워는 매체와 프로토콜 모두 지정할 수 있다. 내가 힘이 없다면, 대안이 없다면, 아쉬운 입장이라면, 맞출 수밖에 없는 것이다.

② 대안을 가진 사람이 정한다. 아무리 돈을 주는 고객이라고 하더라도, 터무니없는 요구를 한다면 내가 거부할 수 있는 것이다. 그러나, 이러한 거부는 대안이 있을 때 정당한 것이지, 그렇지 않다면, 무모한 판단일 수도 있다. 반대로 파워를 가진 고객이라 하더라도, 내가, 나의 제품이 더 뛰어나다면, 그의 선택권은 제한적인 것이다. 나를 선택할 수밖에 없다.

③ 매력적인 사람, 실력 있는 사람이 정한다. 아무리 파워를 가졌다고 해도 그도 직장인 중 한 명이다. 직장인이 과연 오너와 같은 마음으로 합리적인 결정을 하겠는가? 과연 그 결정이 100% 옳다고 확신하고 결정하겠는가? 내가 실력이 있고, 고객에 진심으로 관심이 있고, 적극적으로 소통하려고 하고, 경쟁사 영업사원과 다른 매력이 있다면, 내가 규칙을 정할 수도 있는 것이다.

④ 정보를 많이 가진 사람이 정한다. 나를 알고 남을 알면 백전백승이라는 말이 있다. 정보가 많은 사람은 상대방의 관심사, 성격, 조직 내 상황 등 제반 사항을 알 수 있으면, 모든 소통을 설계할 수 있는 것이다. 많이 알기 위해서는 자주 만나야 하고, 넓게 만나야 하는 것이다. 주변 지인이나 상대방이 친한 사람을 이용하기도 한다.

■ 어떻게 프로토콜을 맞출 수 있는가?

일본인과 중국인들은 자국에서 회의할 때 자국어를 사용하는 것을 좋아한다. 즉 일본어, 중국어로 하는 것을 선호하고, 우호적으로 반응한다. 그러나 그들도 영어를 상당히 잘하는 편이다. 미팅한다고 가정하고, 사전에 규칙을 정하기 시작한다.

① 일본어로 소통할 것인가, 영어로 할 것인가?
② 참석 레벨을 어느 수준으로 할 것인가?
③ 이슈가 있는가, 주제가 있는가, 단순 인사인가?
④ 드레스코드는, 명함은 어느 단계에서 교환할 것인가?

대통령 간 만남이 있다고 가정하면 얼마나 많은 프로토콜을 정하는 과정이 있을지 상상이 될 것이다. 규칙과 합의가 되지 않으면, 엄청난 혼란이 오게 된다. 소통이 잘 될 리가 없다. 이 규칙을 맞추는 과정에서 상대방의 특성과 듣고 싶어 하는 것을 파악할 수 있는 효과도 있다. 영업사원의 경우, 평상시 미팅을 할 때, 상대 회사의 규율이나 제도, 조직 문화 등을 물어보는 것이 필요한 이유도 결국 상대의 규율을 알아야, 나의 행동을 효과적으로 선택할 수 있기 때문이다.

사람들이 왜 양복을 입고, 용모를 단정하게 하는가? 이러한 규칙들을 모두 정하는 것이 현실적으로 불가능하에 외모 부분에서 이미 준비했다는 느낌을 주기 위함일 것이다.

송·수신자의 특성을 먼저 파악하고, 그에 맞는 매체, 즉 시간과 공간, 소통의 툴을 정하고, 소통의 기본적인 규칙들을 정하고, 마지막으로 상대방의 눈높이에 내가 좀 더 맞추었다면, 아마도 가장 좋은 소통이 되었을 것이다.

회의나 보고할 때, 어떤 내용인지 사전에 알려주어 미리 마음의 준비를 하게 하는 것도 좋은 방법이다. 상대방은 항상 바쁘고, 나는 그의 시간을 확보하기가 어렵기 때문에, 소통은 항상 두괄식으로 결론을 먼저 이야기하고, 왜 그런 결론에 도달했는지를 역으로 설명하는 것도 좋은 프로토콜 중 하나이다.

나는 뒤늦게 다들 불가능하다고 할 때 영어를 배웠다. 지금은 일본어를 공부하고 있다. 고객이 준 선물 같은 기회를 살려서 몰입한 덕분이다. 2016년도부터 글로벌 기업을 우연히 담당하게 되었고, 이메일이 영어로 도배되기 시작했다. 그러나, 나는 3년 후 2119년도에 영어 공부를 하기로 결심했다. 깨닫는 데만 3년이 걸린 것이다. 외국회사와 일을 한다는 것은, 어려운 일을 하는 게 아니라 어학을 배울 기회가 주어진 것이라는 것을 뒤늦게 깨닫곤 한다. 다음은 영어 공부와 관련한 나의 경험담이다.

2019년 2월에 싱가포르에서 고객사와 우리 회사 간 임원급 회의를 미리 잡는다. 2119년 11월 14일로 기억한다. 이날 회의는 내가 주최하겠다고 선언한다. 임원과 동행 출장을 약속했다. 공부를 시작했다.

처음에는 시간당 5만 원 개인 과외로 시작했지만, 오래가지 못했다. 책도 보고, 영화도 보았지만, 신통치 않았고, 'Hellotalk'이라는 앱을 검색해서, 외국인 친구를 사귀어 매일 전 세계에 있는 외국인들과 통화를 하면서 출퇴근하는 루틴을 만들었다. 주말에는 강남. 수요일에는 홍대 영어 소모임을 나가서 2시간씩 스피킹을 연습했고, 유명 유튜브 방송을 보면서, 표현들을 익혔다.

모든 회의나 미팅 시 속으로 한국어를 영어로 번역하는 습관을 들였고, 홍대 소모임에서는 3분 스피치도 해 보았다. 모든 것이 어색하고 부끄러웠지만, 나한테는 목표가 있었고, 물러설 수 없는 상황이 있었다. 그래서, 몰입한 것이다.

2019년 11월 14일 싱가포르에서 약 1.5시간 동안 회의를 주재한다. 가슴이 터지는 듯했으나, 힘겹게 해냈다. 그 결과 지금은 영어가 편안하다. 물러설 수 없는 상황을 만들었고, 몰입한 결과, 지금의 내가 있는 것이다. 언어는 적어도 선택권을 넓힌다는 측면에서 분명 좋은 역량이다. 지금은 자주 해외 출장을 가는 편이다. 이제는 영어 학습법을 가르쳐 주고 싶다.

　영어를 잘한다고 해서 말을, 일을 잘하는 것은 아니다. 한국어로 해도 말을 잘하는 사람과 못하는 사람, 영업을 잘하는 사람과 못하는 사람과 똑같은 논리이다. 필자는 적어도 오랜 경력으로 인해 영어를 배운 것은 큰 보탬이 되었다.

　그러나 영어를 잘하는 사람이 필자의 경험을 가지기는 어렵다. 해외 영업을 하는 사람들을 채용할 때 어학 능력 위주로 채용하는 경향이 있다. 기본적으로 일을 잘하는 사람, 성취욕이 있는 사람을 채용해야 한다.

　회사에서 부여받은 모든 업무는 같은 대가를 받고 해야 할 어려운 '일'이 아니라, 회사가 주는 선물, 기회가 아닌가 한 번씩 생각해 봐야 한다. 밖에서는 절대로 가질 수 없는 기회가 될 수 있다.

　프로토콜을 잘 모른다고 해서 위축될 필요는 없다. 각자 살아가는 방식이 다르니 나름 보편적인 규칙을 정한 것뿐이지 '옳고 그름', '잘하고 못함'의 문제는 아니다. 규칙일 뿐이고, 반드시 내가 따라야 하는 것은 아니다. 필요하면 따르고, 아니면 그만인 것이 규칙이다. 내가 영어를 못하면 외국인을 피하면 그만이고, 내가 잘 못하는 영어를 큰 소리로 말해도, 내가 할 말만 하면 그만이지, 상대가 알아듣든 말든 신경 쓸 일은 없다. 필요하면 듣게 되어있다.

　필자의 팀원들은 기본적으로 영어를 잘한다. 그런데, 필자는 영어는 하나의 수단일 뿐 그 자체가 목적이 아니라고 말하곤 한다. 발음과 표현력이 화려하지 않은 팀원이 한 명 있다. 그는 자신의 자리에서 힘겹게 영어를 하지만 상대적으로 큰 소리로 영어로 통화를 하는 편이다. 보통 다른 직원들은 주변 사람이 자신의 영어표현을 들을까 봐 조용히 말하거나 자리를 이동해서 복도에서 대화하곤 한다.

주변에 있는 팀장들이 나에게 이런 말을 한다.

"내가 한국에 있는지, 동남아에 있는지 잘 모르겠다. 영어를 잘 하지도 못하면서, 왜 이렇게 슬랭을 써가며, 큰 소리로 이야기하는지 모르겠다. 영어를 못하면, 팀을 바꿔주던가 해야 하는 것이 아니냐. 불편하다."

나는 이렇게 대답했다.

"큰 소리로 대화하는 것은 주의를 주겠지만 영어를 잘 못한다는 표현은 잘못된 것 같다. '정확한 내용'을 전달하면 되는 것이지 언어를 '화려하게' 할 필요는 없다. 영어를 잘한다고 표현할 때, '잘'의 의미는 '화려하게'가 아닌 '자주', '자신 있게'라는 의미다."

아마도 그 팀장은 자신이 영어를 잘 못하기 때문에 회사에서 영어를 쓰면서 일하는 나의 팀원이 부러웠거나, 자신의 부족함에 대해 열등감을 느꼈기 때문에 나에게 그런 말을 했을 수도 있는 것이다.

4) 동문서답하는 사람들

부자들은 직시하고 부딪히며, 빈자들은 회피한다. 부자는 모른다고 자신있게 말할 줄 안다. 빈자는 고개를 숙인다. 동문서답, 질문에 답을 하지 않고, 왜 다른 이야기를 하는가? 무시하는 것인가? 꿀리는 게 있는가? 숨은 의도가 있는가?

소통에도 일종의 계층이 존재한다. 예를 들면 다음과 같다.

① 육하원칙: 누가, 언제, 어디에서, 무엇을, 어떻게, 왜?
② 시제: 과거, 현재, 미래, 현재 진행형 등
③ 팩트와 생각, 언론 기사와 현장 의견

　주변 사람들의 대화를 한번 들어보면, 실제로 그 계층에 맞게 답하지 못하는 경우가 많다. 그 이유는 여러 가지가 있겠지만, 이러한 계층에 맞춰서 대화하는 습관이 부족하기 때문이다. 취미를 물었는데, 나는 수영을 했었다고 답변하는 경우, 영화 이야기를 하는데 드라마 이야기를 하는 경우 등이다.
　이런 식의 대화는 소통 시간을 낭비하게 하고, 상대방은 자기 말을 잘 듣지 않는다고 생각할 수 있다. 경청했다면, 동문서답을 할 필요가 없는 것이다. 상대방이 질문을 애매하게 해서 계층구조를 파악하기 어려운 경우도 있다. 이런 경우에 소통을 잘하는 사람들은 다시 질문을 하여, 상대방의 의도를 정확하게 파악하려고 노력한다.
　"지금 여쭤본 것이 이것을 의미하는 것이 맞습니까?"
　회사에서 임원진 회의나 관리자 회의, 중요한 고객 미팅 등에 참석해서 이러한 육하원칙을 기준으로 그들이 정말로 소통을 잘하는지 살펴보면 재미있을 것이다. 동문서답하는 경우를 많이 관찰할 수 있다.
　계층구조를 지켜서 소통하는 사람들은 대개 침착한 성향을 보이는 것 같다. 이들의 공통적인 특징은 말을 너무 많이 하지 않는다는 것과, 반응하기 전 '잠깐 동안의 멈춤'을 가진다는 것이다.
　동문서답을 하는 경우는 대개 아래 같은 경우들이다.

■ **이해하지 못하기 때문이다.**

　정말로 이해하지 못하는 경우이다. 이런 경우에는 솔직하게 잘 이해하지 못했다고 하거나, 다시 설명해 달라고 하거나, 질문 내용을 확인하는 질문을 다시 하는 편이 낫다. 어려운 상사와 소통할 때, 상사가 차라리 미국인이라고 생각하는 것도 좋은 방법이다.

■ **반응이 너무 빨라서 동문서답하는 경우이다.**

　긴장해서 상대방의 질문 의도를 파악하지 못하고 다른 답을 하는 경우이다. 실제로, 글로벌 회사와 일을 하면서 느낀 바가 있는데, 한국인들은 대개 건너뛰는 경우가 많다.

　"건물 층과 층 사이에 방수공사가 잘 되어있습니까?"

　"이 건물은 건물 전체 방수가 되어있기 때문에 위층의 물이 아래층으로 스며들 일이 없습니다. 최고의 방수 시설을 갖추었습니다." 답은 이렇게 진행되어야 한다.

　"우리 건물은 층간 방수는 하지 않았습니다. 이것은 최근에 지어지는 방수공사는 대부분 층간 방수를 하지 않는 트렌드입니다. 그러나, 이 건물은 건물 전체 방수를 완벽하게 하여 건물 내에서 발생하는 물이 아니라면 물이 아래층으로 스며들 일이 없습니다. 우리 건물은 시간당 100mm의 강수량을 소화할 수 있는 배수관 시설까지 갖추었습니다. 만일, 그럼에도 불구하고 층간 방수가 필요하다면, 해 드릴 수는 있습니다. 그러나, 그 비용은 부담하셔야 합니다."

　질문에 대해서는 답을 먼저 해야 한다. 그리고, 왜 그렇게 했는지 설명하면 된다.

　대답하기 전 단 1초의 침묵 시간을 가지는 습관이 많은 도움이 된다. 한번 말을 하기 시작하면 멈추기가 쉽지 않고, 되돌리기 어렵다. 또한 말을 줄이는 훈련이 필요하다. 말의 절대량을 지금보다 심지어 50% 줄이고, 반응하기 전 단 1초의 멈춤, 그 사이에 질문의 의미를 생각하는 훈련을 권장한다.

■ 말의 계층구조를 잘 모르기 때문이다.

숫자를 물었으면 숫자로, 장소를 물었으면 장소로 답을 해야 한다. 가급적 소통의 계위를 구분하는 훈련을 한번 해보기를 권장한다. 질문에 대해서는 답을 해야 한다. 생각을 물은 것이 아니다. 팩트와 출처, 그리고 생각을 분리하고, 시제를 구분하고, 가급적 육하원칙을 지켜가면서 대화하는 노력을 해야 한다. 조직에서 만나는 사람은 친구가 아니다. 말을 생략하거나, 건너뛰는 것은 독이 된다.

■ 방어기제가 발동하는 경우이다.

월간 실적 점검 회의에서 상사가 PT에 나온 숫자를 보고 이렇게 질문한다.

"A팀은 이번 달 실적이 얼마입니까?"

"이번 달에는 예기치 않은 상황이 발생해서 실적이 좀 저조했습니다. 다음 달에는 다시 따라잡도록 하겠습니다."

이것이 정상적인 소통일까? 숫자를 보고 있다고 하더라도, 그 숫자의 의미를 아는 것은 아니다. 상사는 숫자를 물었다.

이런 답변은 어떨까?

"이번 달 실적은 얼마이고, 현재 누적 OO를 달성했습니다. 이달 실적은 전월보다 OO% 상승한 것이며, 전년 동기 누적 대비 OO% 상승한 것입니다. 원인으로는 OOO와 같은 사유라고 생각합니다."

숫자를 물었으면, 숫자로 답을 해야 한다. 숫자에는 기준점이 있어야 한다. 그 기준점을 기준으로 비교해야 그 숫자의 의미와 가치를 알 수 있는 것이다. 그렇다면, 왜 이런 일이 발생하는가?

상대방의 의도를 지레짐작하고 자신을 방어하고자 하는 습관이 발동된 것이다. 실적이 좋지 않은데 그 숫자를 보고도 실적이 얼마냐고 물어본다는 것은 자신을 질책하는 것이라고 짐작을 하기 때문이다. 조직의 장이 숫자를 보고 있다고 해서 그 숫자의 의미를 아는가? 모른다.

수많은 이유로 자신만의 고유한 방어기제가 발동된다. 머리를 긁적이기도 하고, 자리를 피하기도 하고, 눈동자를 피하기도 하고, 사과하기도 하고, 정말로 다양한 방어기제가 있다. 방어기제는 인간의 본능이다. 정공법으로 대답하는 훈련을 권장한다.

■ 다른 의도가 있는 경우이다.

"오늘 점심 맛있는 거 먹자, 뭘 먹을까?"

"짜장면 어떠세요?"

"근데 그 식당 짜장면 맛이 별로 없던데…"

상사가 정말로 의견을 물었을까? 먹고 싶은 걸 이미 정해 놓고 의견을 강요하고 있는 것일 수 있다. 직접 뭐 먹으러 가자고 하면 직원들이 싫어할 것 같아서, 직원들에게 김치찌개 먹으러 가자고 할 때까지 '오늘 뭐 먹지? 뭐가 좋을까?'라는 질문을 반복한다.

■ 경청하면, 소통의 주도할 수 있다.

상대방의 말과 표정을 이해하고, 계위를 파악하고, 애매한 부분은 다시 질문해서 상대의 진의를 파악하는 것이 경청이다.

사람들은 대개 이러한 계위를 넘나들면서 대화한다. 이러한 대화 내용을 계위 별로 정리해 가면서 말하는 사람들이 있다. 이렇게 하는 이유는 상대방의 말을 정확하게 듣고, 해석하고, 정리하기 위해서이다. 그리고, 이러한 계위를 지켜서 답을 하게 되면 신뢰성을 확보할 수 있고, 그렇게 되면 소통을 주도할 수 있는 파워를 가지게 된다. 결국, 소통을 주도하게 되는 것이다.

자신을 불편한 상황에서 보호하고 싶은 행동 방식, 즉 방어기제를 줄이는 훈련을 하기 바란다. 모든 커뮤니케이션의 출발은 듣는 것부터, 질문하는 것부터 시작된다. 소통을 주도 할 수 있다.

제5장

하루 11시간의 마법

출근과 퇴근 사이 8+3시간의 가치.
시간을 되돌려야 한다.
종업원은 시간을 판매한 것이 아니라, 투자한 것이다.
최고의 결실은 '배움'이고, 이를 통해 최고가 되는 것이다.

부자는 시간을 통합하고, 빈자는 시간을 분리한다.
부자는 회사와 월급의 일정함이 주는 가치를 알고, 활용한다.
빈자는 회사와 월급의 양이 적음에 불평하고, 가치를 외면한다.
부자는 투자 후 남은 돈을 소비하고, 빈자는 소비를 먼저 한다.

5년 후, 10년 후 당신의 시간당 가치는 어떻게 바뀔 것인가?

※ 본 내용은 다음 책에서 더 자세하게 내용을 다루고 싶다.
'고정수입의 가치', 실제 경험담, 소통 방식과 관련된 내용이다.

직장에서 보내는 시간의 의미

"It is not that we have a short time to live, but that we waste a lot of it."

"우리가 살 시간이 짧은 것이 아니라, 많은 시간을 낭비하고 있는 것이다."

—Seneca

종업원이 회사와 계약한 시간은 어떤 시간일까?

시간을 재산이라고 생각하는 사람은 판매라고 생각한다. 그 대가에 대해 평가를 한다. 빼앗긴 시간 재산을 아까워한다. 시간을 자산이라고 생각하는 사람은 투자라고 생각한다. 무엇을 얻을지, 배울지를 고민한다. 투자 효과 극대화를 고민한다.

직장에서의 시간이 차지하는 비중은 얼마나 되는가? 출퇴근, 점심시간, 스트레스로 이어지는 시간까지 합치면… 돈을 버는 시간 30년을 기준으로 인생 시간 100년을 기준으로 환산하면, 30~60대의 1년은 기본적으로 3년 이상이라는 의미다. 여기서 30대의 출발선 및 중도 이직 등의 노력이 50대 수입의 양을 결정한다면, 30대의 1년은 4~5년에 해당하는 가치가 있다는 의미다. 50대의 수입이 가장 높다. 50대의 수입 양은 30대 시간을 어떻게 사용했는가에 따라 결정된다.

다시 직장생활에서의 시간을 한번 환산해 보자. 잠자는 시간 8시간을 빼면 총 16시간이 깨어 있는 시간이라고 가정하고, 출퇴근 시간 2시간, 점심시간 포함 9시간을 더하면 11시간을 직장에서 보내는 것이나 마찬가지다. 깨어 있는 시간 총 16시간 중 11시간은 68% 이상의 비중을 차지하게 된다. 휴일을 제외하면, 68%를 직장에서 보내는 것이다. 그만큼 직장에서 보내는 시간이 중요하고, 직장에서 누구를 만나 무엇을, 어떻게 배우느냐 하는 것이 시간당 가치와 대가를 결정한다는 것을 알게 된다.

☞ **하루 11시간의 의미**

① 인생에서 가장 왕성한 시기의 시간이고,
② 68%로 가장 큰 비중을 차지하고,
③ 남은 40년을 버티기 위한 자산을 축적하는 시간

나의 선택이 제한된, 회사와 계약한 시간이다. 11시간은 마법 같은 시간이 될 수도, 벗어나고 싶은 시간이 될 수도 있다. 다른 사람의 지식과 경험을 레버리지 삼아 나의 1시간을 10시간으로 확장할 수도 있다. 내가 잘 못하는 영역에 대해서는 다른 사람과 협업하여 불가능했던 것을 가능하게 만들 수도 있다. 인적 네트워크를 확장하여 나를 널리 알리고, 나의 가치를 끌어올릴 수도 있다.

반대로, 직장생활이 힘들어 피곤하고, 벗어나고 싶은 11시간이 될 수도 있다. 나의 인생 관점에서 직장에서 보내는 시간을 어떻게 정의하는가에 따라서 시간의 양과 가치는 달라지고, 나의 가치도 따라서 연동된다.

회사는 저마다 다른 사람들이 모인 집단이다. 그리고, 각자 하루 8시간을 회사를 위해 사용하도록 계약하고 일을 하고 있지만, 각자 가진 능력과 지위가 다르고, 다른 생각을 하면서 시간을 보내고 있다. 이러한 집단에서 나는 어떻게 시간을 보내야 하는 것일까? 신입사원들은 떠밀려서 시간을 보낼 것이다.

먼저 회사에 어떤 것이, 어떤 사람들이 있는지 살펴봐야 한다.

① 사람: 다른 직급, 생각, 경력을 가진 사람
② 사무실: 건물, 책상 등 집기
③ 업무: 맡은 일, 잘하는 일, 잘 못하는 일
④ 부서: 업무를 카테고리화하여 나눈 조직
⑤ 고객과 파트너사: 돈을 주는 고객, 같이 일을 하는 파트너사
⑥ 시스템: 일이 돌아가게 하고, 관리를 하는 각종 시스템

위의 것은 단순히 보이는 것을 정리한 것이다. 실제는 훨씬 더 많은 것이 있다. 요약해 보면, 사람과 장소, 그리고 시스템이다. 이들 속에서 우리는 시간과 각자의 역량을 투자한다. 그렇다면, 우리가 얻을 수 있는 것은 무엇일까?

① 급여: 일정 기간 동안 시간당 대가
② 일에 대한 경력: 자신의 가치에 대한 일종의 경력증명서
③ 교육: 각종 교육, 선배의 가르침
④ 소통 능력: 잘 쓰고, 잘 말하는 능력과 습관

⑤ 도전과 실험, 경험

⑥ 휴식과 휴가: 주말과 휴가를 통한 휴식

회사에는 생각보다 더 많은 것이 있다. 그런데, 생각보다 월급은 적고, 세금은 많이 걷어간다. 사람들은 급여의 양, 안정성, 사무실의 위치 등을 중요시하는 경향이 있다. 그러나 회사는 우리에게 시간의 대가만 주는 것이 아니라 실제로는 많은 것을 얻을 수 있는 기회를 제공하기도 하는 것이다.

필자도 여기가 3번째 직장이며, 지금은 대기업 해외영업팀장으로 근무 중이다. 14년째 팀장직을 수행 중이다. 성공적이었다고 할 수도 있고, 아닐 수도 있다. 그러나, 누구보다도 경험은 많으며, 많이 배웠고, 지금도 배우고 있다. 적어도 비즈니스에 대한 두려움은 없다. 전 세계를 대상으로.

여러분은 지금 회사에서 어떤 것을 배우고, 남길 것인가? 회사를 어떤 관점으로 바라볼 것인가? 가장 중요한 시간이다.

02

고정수입의 자산가치

고정수입의 가치는 위대하다. 행복의 비결 중 하나는 안정성이다. 회사에서 받는 가장 첫 번째 받는 가치는 고정수입이다. 월 급여를 일정 기간 동안 지속된다는 기간의 개념을 만나면, 그 가치가 달라진다. 일정 기간 동안 반복되는 수입을 '고정수입'이라고 한다. 고정수입의 가치를 살펴보면 다음과 같다.

> 자산가치=연봉×가능 근무 기간
> 부가가치 : 그 기간 동안 할 수 있는 것들

고정수입의 가치는 눈에 보이지 않는 엄청난 가치를 가지고 있다. 바로 다음 달에도 일정한 규모의 수입이 들어온다는 것이다. 그 기간이 30년이라고 가정해 보자. 30년 동안 사람은 무엇을 할 수 있을까? 급여가 많고, 적음을 떠나 적어도 안정적인 내일이 있다는 사실 하나만으로도 사람들은 미래에 대한 불안을 덜 수 있고, 그 기간 동안 할 수 있는 일들이 너무나 많다.

■ 재정적 안정성, 예측 가능한 소득과 지출

고정수입은 매월 또는 매년 일정 금액이 들어오기 때문에 생활비를 안정적으로 관리할 수 있다. 주식 시장이나 경제 상황이 불안정해도 고정수입이 있으면 기본 생활을 유지할 수 있다. 이 예측 가능한 수입으로 인해 화려하지는 않지만 장기적인 재정 계획을 세우기 쉽다. 이는 매달 예상되는 지출과 저축을 계획하는 데 도움이 된다. 고정수입을 통해 매달 고정 지출(예: 주거비, 공과금, 보험료 등)을 관리할 수 있으며, 이를 통해 불필요한 지출을 줄이고 더 나은 재정 관리를 할 수 있다. 매달 들어오는 수입 대비 지출을 관리할 수 있는 것이다.

■ 심리적 안정감, 삶의 여유

고정적인 수입은 개인에게 심리적 안정감을 준다. 지금 돈이 없어도 다음 달에 수입이 들어온다는 확신이 있다. 또한, 출근과 퇴근이 있고, 주말과 휴가, 연차가 있다. 국가에서 급여생활자의 급여에서 원천징수를 하지만, 상대적으로 근로조건을 규제하면서, 나름 휴식을 보장해 주기도 한다. 자신의 지출 범위 내에서는 여가 활동, 취미, 교육, 여행 등 다양한 생활의 질을 높이는 활동에 더 집중할 수 있는 심리상태를 가질 수 있는 것이다. 또한, 어울리는 사람이 대부분 직장인일 가능성이 높기 때문에, 힘들어도 서로에게 의지하면서, 살아가는 재미가 있다. 필자도 텃밭을 경작 중이다.

■ 학습의 기회와 장기 투자를 할 수 있는 기반 환경

고정수입은 추가적인 투자 기회를 제공한다. 매달 남는 돈, 남긴 돈을 저축하거나 다양한 투자 상품에 투자하여 자산을 증식할 수 있다. 고정수입이 있는 사람은 이 투자한 돈이 전부 없어지더라도,

다음 달에 또 수입이 들어온다는 확신이 있기 때문에 버틸 수 있다. 즉, 장기 투자를 할 수 있는 기반이 고정수입인 것이다.

직장이 주는 신뢰를 기반으로 은행 대출을 받을 수 있고, 명함이 주는 힘이 있다. 저금리로 쉽게 대출을 받을 수도 있고, 다양한 정보를 얻을 수도 있고, 실제 하는 일을 바탕으로 고객사의 주식을 사기도 한다. 필자도 2015년부터 나의 고객사인 글로벌 회사의 주식을 사서 지금도 상당한 수익을 내는 중이다. 다양한 사람들과 소통하고, 보고, 배우고, 관찰하고, 경험한 것을 바탕으로 이렇게 책도 쓰고 있다.

■ 은퇴 후 경제적 안정, 생활 수준 유지

고정수입은 경제적 안정을 제공하는 중요하게 작용한다. 연금이나 저축을 통해 은퇴 후 생활비를 안정적으로 충당할 수 있다. 일정한 생활 수준을 유지하는 데 도움이 된다. 직장가입자의 건강보험료는 월급을 기준으로 산정되며, 근로자와 고용주가 각각 절반씩 부담하고, 마찬가지로 원천 징수한다. 회사가 월급에서 공제하여 건강보험공단에 납부한다. 손실감이 상대적으로 작다. 자영업자는 지역가입자로 분류되고, 보험료는 신고한 소득, 재산, 생활 수준 등을 기준으로 산정된다. 본인이 직접, 전액 납부한다. 손실감이 크다.

이처럼 고정수입의 힘은 대단하다. 사람들이 건물주가 되고 싶어 하는 것도 결국 고정수입을 가지기 위함이며, 최근에는 월 배당 주식이나 ETF가 늘어나는 이유도 불안한 경제 상황, 저 출산, 고령화 시대에 불확실성을 줄이기 위해서는 고정수입이 필요하기 때문일 수 있다. 나의 투자 목표도 이러한 고정수입을 은퇴 후에도 유지하는 것이었다. 물론 실패도 했고, 미흡한 점도 있다. 그러나, 나의 삶을 겸손하게 하고, 꾸준히 학습한 결과, 이제는 최소한 두려움은 없다.

고정수입의 종류를 살펴보자. 사람들의 고정수입 종류는 크게 아래와 같을 것이다.

① 연봉: 연봉의 크기 × 근무기간
② 연금: 개인연금, 퇴직연금, 국민연금, 공무원 연금 등
③ 부동산 임대료 수입: 부동산을 임대하여 매달 받는 임대료.
④ 배당금: 주식 투자로 인해 주기적으로 받는 배당금
⑤ 이자 수입: 예금, 채권 등의 금융상품에서 발생하는 이자
⑥ 저작권료: 책, 음악, 특허 등 지적 재산권.

목표를 어떻게 고정수입을 늘리고, 은퇴 후에도 유지할 것인가 하는 방향으로 설정해도 꽤 괜찮은 방법이라고 생각한다. 은퇴 후에는 통상적으로 위에서 말한 건강보험료를 본인 부담으로 전액 내야 하고, 해외여행 같은 것은 쉽게 계획하기 어려운 상황인 것이다.

고정수입을 늘리고 고정비를 낮추면, 그 차액으로 현재 고정수입을 유지하기 위해 투자하는 것이 장기적으로 안정성을 유지하기 위한 좋은 방편이 될 것이다. 이러한 투자는 젊었을 때부터 시작하라고 권고하고 싶다.

부자들은 먼저 투자하고 남는 돈을 소비하고, 빈자들은 소비하고 남은 돈을 투자한다.

■ 100억 무직 자산가, 월급 300만 원 직장인

김승호 대표는《돈의 속성》에서 고정수입의 힘은 그 수입의 100배의 가치가 있다고 한다. 100억을 가진 자산가이지만, 특별한 직업이 없이 은행에 맡겨 놓고 이자만으로 생활하는 사람과 월급 300만 원, 향후 30년간 안정적으로 회사 생활을 할 수 있는 직장인

이 있다고 가정해 보자. 이 둘 중 누가 부자인가를 생각해 볼 필요가 있다.

100억 자산가는 주변 환경이 변하여 자산가치가 하락하는 것에 대한 공포가 있고, 지금 가진 돈의 양으로 인해 소비가 훨씬 클 수 있다. 왜냐하면, 어울리는 사람들이 다르기 때문이다. 100억의 자산이 줄어드는 것을 막기 위해 투자를 하기도 한다. 그러나, 성공한다는 보장이 없다. 100억 자산가는 그 돈을 은행에 넣어서, 월급처럼 타서 쓸 수도 있다. 그러나, 그 가치는 점점 하락할 수밖에 없다. 투자와 소비의 유혹을 이기기 쉽지 않다.

반면 후자는 장기간 고정수입이 들어올 것이고, 연간 일정 부분 연봉이 인상될 것이라는 확신만 있다면, 적어도 정신적으로는 행복하게 살 수 있다. 100억 자산가와 주변 사람들과 비교당하는 것을 버틸 수 있다면 훨씬 여유가 있는 삶을 살 수 있다. 주변에는 늘 비슷한 직장인이 있어 동질감이 주는 위안이 있다. 나름 즐거운 일상이 있고, 출퇴근이 있으므로 자유가 있는 것이다. 매월 3백만 원이라는 기준으로 씀씀이를 맞추고, 검소한 생활 습관을 지녔다면, 충분히 행복할 수도 있는 것이다. 또한, 장기 투자를 한다면, 돈이 복리로 불어날 수 있다.

"Financial peace isn't the acquisition of stuff. It's learning to live on less than you make, so you can give money back and have money to invest."

"재정적인 평화는 물건을 얻는 것이 아니다. 버는 것보다 적게 쓰는 법을 배우는 것이며, 그렇게 해야 돈을 돌려주거나 투자할 수 있다."

—Dave Ramsey

부자의 기준은 시기와 상황에 따라 늘 바뀐다. 지금 부자가 미래의 부자라는 보장이 없다. 현재의 돈을 쫓을 것인가, 5년 후, 10년 후의 돈을 쫓을 것인가? 미래의 부를 추구하는 사람은 장기 투자의 복리 효과뿐만 아니라, 지금 삶의 겸손함을 동시에 가질 수 있다. 당연히 비교당해도 웃을 수 있는 여유를 가진다.

매년 고정수입이 늘어날 가능성이 높은 사람은 부자가 아닌가?

자산과 소득을 미래 10년, 20년이라는 기간을 대입해 보면, 지금 내가 하고 있는 일과 수입의 중요성이 부각된다.

나의 월 소득은 과연 안정적인가? 더 늘어날 가능성이 있는가? 늘어나기 위해 노력하는가? 고정수입을 늘릴 수 있다면, 시간을 어떻게 사용하겠는가?

■ 숫자가 주는 의미와 가치

부자는 숫자의 추세를 추구하고, 빈자는 크기를 추구한다.

세상에는 여러 가지 숫자가 있다. 나이, 날짜, 시간, 가격 등 많은 숫자가 있다. 우리는 수많은 숫자 속에서 살아가고, 비교하고, 비교당하면서 살아가고 있다. 숫자는 비교할 때, 비로소 의미를 지닌다.

환율로 국가 간 경제 상황을 비교하고, 급여의 양으로 좋은 직장을 평가한다. 나이가 많고 적음에 따라, 열정이 많고 적음에 따라 평가하기도 한다. 금융자산, 아파트 가격 등 자산의 양으로 부자와 빈자를 구분한다.

이렇게 많은 비교를 하는 것은 인식의 편리성을 얻기 위한 것도 있을 것이다. 또한, 사람들을 특정 부류로 분류하고, 그 부류에 가치를 부여함으로써 소속감이나 안정감을 가지려고 하는 측면도 있을 것이다. 가장 쉬운 비교가 숫자이기 때문에 숫자로 사람을 평가하려고 하는 것이다. 뉴욕에서의 10억과 시골 마을에서의 10억의 가치는 다르지만, 뉴욕과 시골 마을이라고 하는 설정은 상대적이고, 절대 비교가 가능한 숫자에 집착하는 것이다.

사회는 절대적인 숫자로 사람들을 무리 지으려고 하지만, 이것은 사실 합당한 비교가 아니다. 사회가 남들이 정한 것뿐이다. 부자들은 모든 규칙을 재정의하고, 남들과 비교하는 것이 아니라 자신의 어제와 오늘을 비교한다고 말한 바 있다.

자신만의 시간길이다. 그 길을 걸어가는 동안 한 번도 만나보지도 못할 연예인이 입은 옷을 구매하고, 검증되지도 않는 SNS에 올린 사진을 보고 욕망을 느낀다. 그것을 구매한다고 해서 순간의 만족은 얻을 수 있을지 모르지만, 자신의 시간길은 길다. 미래의 만족을 포기한 것일 수도 있다.

자신의 어제와 오늘, 그리고 미래에 도달할 숫자에 가치를 부여하고, 비교해야 한다. 숫자 비교의 의미는 다른 사람과의 숫자가 아니라 과거와 현재의 숫자이다. '전월 대비', '전년 동기' 대비가 가치가 있다는 것이다. 즉 '추세'에 의미를 부여하지, 경쟁사의 성과와 비교하는 '경쟁 성과'는 중요하지 않다.

1억이 1.1억이 되는 것과 100억이 90억 되는 것은 완전히 다르다. 여전히 현재의 비교는 1.1억과 90억이라는 격차이지만, 미래 지표인 증가율은 10% 증가와 10% 감소이다. 이것이 미래를 비교하는 '추세'라는 것이다. 비교에서 가장 중요한 것은 미래로 나아가는 '추세'이다. 이것이 방향성이다. 복리를 추구해야 한다. 은퇴 후에도 자신의 고정수입을 늘리거나, 유지하는 노력, 즉 실력을 기르는 데 집중해야 한다.

부자는 추세와 방향성에서 숫자의 의미를 찾는다. 빈자는 지금 숫자의 크기를 추구한다. 부자는 연속된 발전을 중시하고, 빈자는 현재 위치를 중시한다.

《호오포노포노의 비밀》은 정통 하와이안들의 신념에 관한 책인데, 이 책 내용 중 좋아하는 문구가 있다.

"Do not live based on memory; live based on inspiration."
"기억에 의존하기보다는 영감에 따라 살아야 한다."

부자는 영감을 추구하고 빈자는 기억을 추구한다. 타인과의 비교는 기억이고, 자신과의 비교는 영감이다. 타인과의 비교에서 정작 소중한 것을 놓치지 않기를 바란다.

03

고정수입, 그 이상의 가치

"When you talk, you are only repeating what you already know. But if you listen, you may learn something new."

"당신이 말할 때는 이미 알고 있는 것을 반복할 뿐이다. 그러나 당신이 듣는다면 새로운 것을 배울 수 있다."

—달라이 라마

일상에서 배우는 것이 중요하고, 배움의 자세는 말하는 것이 아닌 관찰과 경청이라는 의미이다. 회사는 우리에게 가장 중요한 일상의 장소 중 하나이다. 집은 서로 위안과 휴식을 제공하는 장소이지만, 회사는 사람들과의 다양한 관계 속에서 서로 배움을 교환하는 장소다. 일하는 방식을 배우고, 관계를 형성하고, 소통을 배우고, 좋은 습관을 얻을 수 있는 장소다. 다른 사람들 속에서 자신을 바라보게 되어있고, 다른 사람을 대하는 태도나 말하고, 관찰하고 경청하는 습관들을 기를 수 있다. 이는 회사를 떠나서도 긴 시간길 여정에서 좌절하지 않고 걸어가도록 견인하는 태도, 즉 '엔진'이 된다.

회사는 사람의 능력과 가치에 대해 일률적인 가격을 매긴다. 능력과 가치는 상대적이기 때문에 공정성을 확보하기 어렵다. 그러나, 가격이 같다고 해서 가치가 같은 것이 아니다. 늘 저마다 가치와 가격의 Gap에 대한 의문을 가지고 산다. 직접적인 돈으로 그 가치의 Gap을 극복할 수는 없다. 직장을 옮겨 더 연봉을 높일 수는 있어도, 그 회사에 이직하더라도 똑같은 가치의 Gap을 느낄 것이다.

그렇다면, 어떻게 Gap을 극복하고 보상받을 것인가?

회사는 야박한 급여를 주는 곳이 아니라 '고정수입'의 가치를 주고, 다시 배울 수 없는 소중한 '배움'을 주는 장소다. 또한, 나 자신을 통해 나에게, 사회에 그 어떤 가치를 제공하고 그들의 삶은 윤택하게 만들 수 있는 곳이라고 하는 인식의 전환에서 시작된다. 이러한 인식의 전환으로 엄청난 보상을 받을 수 있다. 그래서, 일을 함에 있어 부자는 배우기 위해 일하고, 빈자는 돈을 벌기 위해 일한다고 한다.

■ 철도 인부 세 명의 이야기

한 철도 공사 현장에서, 감독관이 세 명의 인부에게 같은 질문을 던진다. 그 질문은 단순한 것이지만, 세 명의 인부는 각기 다른 대답을 한다.

감독관: 지금 무슨 일을 하고 있나요?
첫 번째 인부: 돌을 깨고 있습니다. 무거운 돌을 들어서 철도 위에 놓는 힘든 일이지요. 저는 그저 임금을 받기 위해 이 일을 하고 있을 뿐입니다.

이 첫 번째 인부는 자기의 일을 단순히 생계를 위한 고된 노동으로 여긴다. 일이 고통스럽고 반복적이며, 아무런 만족감을 주지 않음에 불구하고 가족이 먹을 빵을 사기 위해 힘겹게 돌을 깨고 있는 것이다. 성취감은 없고, 부족한 임금에 대한 불만을 가지고, 힘겹게 살고 있을 것이다.

> 감독관: 지금 무슨 일을 하고 있나요?
> 두 번째 인부: 저는 철도를 건설하고 있습니다. 이 철도는 중요한 교통수단이 될 것이고, 저는 이를 위해 중요한 역할을 하고 있습니다.

이 두 번째 인부는 자기의 일이 큰 목표의 일부라는 것을 인식한다. 그는 단순한 노동을 넘어서 철도를 건설하는 중요한 일의 일환으로 자신의 역할을 인식하는 것이다. 그는 일에서 의미를 찾고 있고, 그것이 더 나은 미래를 만든다는 걸 알기 때문에 스스로 동기를 부여하고 있다.

> 감독관: 지금 무슨 일을 하고 있나요?
> 세 번째 인부: 저는 사람들에게 더 나은 삶을 제공하기 위한 길을 열고 있습니다. 이 철도는 도시와 도시를 연결하고 사람들의 삶을 개선할 것입니다. 제 일은 사람들이 더 쉽게 이동하고 물자가 더 빨리 전달될 수 있도록 돕는 일입니다.

이 세 번째 인부는 자기의 일을 사회의 발전과 타인의 삶에 이바지하는 것으로 여긴다. 그는 단순노동을 하는 것이 아니라 철도를 통해 사람들에게 더 나은 삶을 제공하는 중요한 역할을 하고 있다는 깊은 자부심을 느끼고 있는 것이다. 그의 마인드는 자신이 하는 일의 의미와 목적을 인식하고, 그 일을 통해 세상에 긍정적인 변화를 불러올 수 있다고 믿고 있는 것이다.

자신이 지금 하고 있는 일에 대해 어떤 마인드 셋과 동기부여를 하고 있는지 모두 생각해 볼 필요가 있다. 이것은 일에 대해, 자신의 시간에 대한 태도를 결정한다. 일을 하는 것이 중요한 것이 아니라, 일하는 동안 자신의 시간이 지나간다는 것을 인식해야 한다. 버리는 시간이 아닌 소중한 시간이다.

모두 똑같이 소중한 자신의 시간을 일을 하면서 보내고 있다. 첫 번째 인부는 자기의 일을 단순히 생계를 위한 고된 노동으로 보고, 불만족과 지루함을 느끼면서 시간을 소비한다. 두 번째 인부는 자기의 일을 철도를 건설하는 중요한 임무의 일부로 보고, 그 일을 통해 성취감을 느낀다. 세 번째 인부는 자기의 일을 사회와 타인에게 이바지하는 것으로 보고, 자부심과 책임감을 가지고 일한다.

다시 말하지만, 시간 관점에서 보면 일하는 것보다 중요한 것은 자신의 시간을 투자한다는 것이다. 그 시간에 어떤 가치를 남길 것인가 하는 신념이 위와 같이 다른 모습을 보이게 되는 것이다. 자신에게, 가족에게, 사회에게 어떤 가치를 남길 것인가?

■ 나의 시간길에서 회사는 무슨 의미와 가치가 있는가?

① 공간, 장소, 강사, 시스템을 제공하는 잘 갖춰진 학원이다. 회사는 많은 돈을 들여 일할 수 있는 건물과 공간, 각종 인테리어 등 내가 일할 수 있는 쾌적한 환경을 제공한다. 또한 책상과 의자, 즉 나만의 공간도 제공하고, 노트북 등 일을 할 수 있는 업무 도구를 제공한다. 사실 회사에 소속하지 않은 채 이러한 환경을 구축하는 것은 실제로 큰 비용이 소요될 것이다.

또한 훌륭한 강사를 제공한다. 직접적으로 소속한 팀 리더와 동료가 있고, 회사는 선배 사원에게 후배 양성이라고 하는 임무를 부여한다. 이들로부터 회사에 적응하는 법, 일하는 법, 소통하는 법 등 제반 사항들을 배우게 되고, 또 회사는 각종 교육프로그램, 각종 휴가 및 복지 프로그램도 제공한다. 회사는 또 시스템을 제공한다. 일을 효과적으로 할 수 있는 각종 시스템을 제공하여, 편하게 일할 수 있는 환경을 구축하고, 업데이트해 가는 것이다. 사실 회사는 직원의 급여 이외에도 실제로 많은 투자를 하는 것이다.

② 다양한 실험과 도전을 할 수 있는 기회의 장, 실험실이다. 회사는 늘 도전을 추구하고 새로운 것을 추구하고, 기존에 하는 일에 대한 효율화를 추구한다. 또한, 도전에 대해 실패했다고 그다지 질책하지 않는다. 혹시 질책하더라도 질책으로 받아들이면 안 된다. 내가 어떻게 이런 도전과 실험은 회사를 떠나서 할 수 있겠는가? 이런 도전과 실험은 내 개인 삶에서도 고스란히 적용되어 나의 경쟁력이 될 것이고, 실패 확률을 줄여줄 것이다. 월급을 주면서 도전과 실험을 할 수 있다는 것이 기회인 것은 분명하다.

③ 다양한 사람을 만날 수 있는 소통, 연결의 장소다. 정말로 다양한 사람들이 있다. 이들은 자란 환경이 다르고, 성향이 다르다. 내가 배우고 싶은 사람도 있고, 피하고 싶은 사람도 있다. 그러나 피하고 싶은 사람이라도 배울 점은 반드시 있다. 배우는 것은 약간 이기적일 필요가 있다. 나를 중심으로 선별적으로 타인을 바라보고, 배울 점만 학습하면 그만이다. 이들의 생각을 읽고, 경험을 듣고, 일하는 방식을 관찰하면, 나의 시간을 레버리지하여 확장할 수가 있다. 100시간에 배울 일을 1시

간에 배울 수도 있는 것이다. 말을 줄이고, 관찰하라. 겸손하고, 겸허하게 받아들이라. 일의 원리를 배우고 시간 효율성을 따지면 당신은 실력자가 될 것이다.

④ 학습을 확장할 수 있는 고객을 연결해 주는 징검다리다. 회사의 전 직원은 고객에 대한 사명감을 지니고 있어야 한다. 모든 제품은 고객으로부터 출발하고, 그 제품과 가치 또한 고객을 향해야 한다. 이러한 관점과 사고 습관을 키운다면 회사를 떠나서도 무슨 일이든 성공할 수 있는 힘과 역량을 가지게 된다. 회사뿐만 아니라 다양한 분야의 사람을 만날 수 있고, 이들을 통해 언론매체에서 나오는 기사나 광고가 아닌 살아있는 이야기를 들을 수 있다. 이 사람들과 인적 네트워크를 쌓아서 좋은 회사로 이직할 수도 있는 것 아닌가? 그 회사의 주식을 구매하고, 그들이 열심히 일해서 그 주가가 상승하도록 나 자신이 설계하고 있는 거로 생각하면, 고객보다 더 고민하지 않겠는가?

⑤ 평생 간직할 좋은 습관을 가다듬을 수 있는 훈련소다. 인생 시간 중 가장 활동적일 30년을 사람들과 관계를 맺으면서, 일을 하면서 지낸다. 결코 짧은 시간이 아니다. 사람들 사이에서 일어나는 모든 일은 소통을 통해서 이루어지기 때문에, 엄청나게 많은 양의 성공 또는 실패 체험을 하게 된다. 이러한 과정에서 사람은 나름대로 자기만의 소통 방법을 터득하게 되고, 자신도 모르게 직장 밖에서도 그 방법을 습관적으로 적용하게 된다. 성공체험에서 배우는 것보다 실패로 인해서 과정을 리뷰하면서, 아쉬움을 느끼면서 배운 것이 훨씬 더 강력한 것 같다.

당신은 회사에, 일에, 주변 사람에게, 고객에게, 돌아오지 않을 자신의 시간에 어떤 의미와 가치를 부여할 것인가? 몇 번째 인부가 될 것인가?

04

고용주와 종업원의 시간

"It is not the employer who pays the wages. Employers only handle the money. It is the customer who pays the wages."

"임금을 지급하는 사람은 고용주가 아니다. 고용주는 돈을 다룰 뿐이고, 실제로 임금을 지급하는 사람은 고객이다."

—Henry Ford

오너는 돈을 투자해서 종업원의 시간을 산다. 종업원은 자신의 시간을 투자하고, 시간당 대가를 받는다. 회사는 좋은 제품을 만들고, 고객에게 제공하고 그 대가를 받는다. 고객은 나의 제품을 통해 다른 제품을 만들어 판매하고, 나 자신이 고객의 제품을 구매하기도 한다. 저마다 스마트폰을 사용하고 있다. 그 스마트폰을 만들기 위해 수많은 기업이 거래하고, 그 스마트폰을 다시 구매한다. 우리는 분명, 시간을 투자하고, 대가를 받으며, 일을 통해 그 어떤 가치를 구현하고, 그 가치가 반영된 다른 제품을 서로 사고파는 것이 기업의 세계다.

큰 가치를 담은 제품을 만들기 위해 고용주는 시간당 생산성이 높은 종업원을 고용하려고 한다. 반대로 종업원은 자신의 시간당 대가를 높이기 위해 자기의 능력을 배양하기도 하고, 고용주와 투쟁을 하기도 한다. 시간당 생산성과 시간당 대가의 힘겨운 싸움이다.

고용주는 사람을 고용하기 쉬울 수 있다. 시간당 대가만 많이 주면 능력 있는 사람을 쉽게 고용할 수 있다. 그러나, 해고하기는 정말로 어렵다. 이미 익숙해진 종업원을 대체할 사람이 그보다 더 잘하리라는 보장이 없다. '손실회피편향'이 작용한다.

또한 새로운 사람에게 교육과 적응의 시간을 주어야 하기 때문에 또 다른 시간을 투자해야 한다. 시간당 생산성을 중요하게 생각하는 미국에는 전통적으로 고용주와 종업원의 관계에 대해 'Employment-at-Will'이라고 하는 문화가 있어 상대적으로 고용과 해고가 자유로운 측면이 있다. 그러나, 이것에는 많은 양의 시간당 대가를 지급해야 하고, 주가에 부정적인 영향을 미치기에 쉽지 않다.

또한 고용주는 좋은 제품을 만들기 위해 자본을 투자한다. 그러나, 그 제품이 성공적이라는 확신이 없는 상태에서, 자본에 대한 리스크를 감수한다. 한번 투자된 돈은 다시 찾을 수가 없다.

고용주는 능력 있는 종업원의 시간을 구매하기 위해, 좋은 제품을 만들기 위해 자본을 투자하고, 제품을 판매하여 자본을 회수한다. 또한 직원을 늘려 더 많은 제품을, 가치를 만들어 판매하는 것을 목표로 한다.

경제성장률(임금인상률)이 자본성장률(자본수익률)을 앞선 적이 없다고 한다. 돈을 투자하여 능력 있는 종업원의 시간을 구매하고, 그 시간이 자신을 향하도록 이끌기 때문이다. 그러나, 고용주는 엄청난 리스크를 감수해야 한다. 좋은 직원을 뽑아야 하고, 그들의 시간을 한 방향으로 이끌고, 관리해야 한다. 자본은 투자해서 종업원의 시간은 구매하지만, 그들의 생각, 관념까지 구매할 수는 없다.

한번 투자된 돈은 되찾을 수 없다. 그래서 물러설 곳이 없다. 종업원보다 훨씬 더 처절한 이유이다.

■ 종업원의 관점

종업원은 시간을 투자하고, 시간당 대가를 책정하여 계약한다. 계약하는 순간 고정수입이 발생하기 시작한다. 신입사원의 경우 회사가 획일적으로 정한 대가를 받기로 계약한다. 그리고, 시간을 투자한다. 시간당 대가는 사람의 능력과 연동되어 산정되지 않으며, 큰 차이를 크게 두지 않는다.

고용주는 사람을 선택하지만, 종업원은 직장을 선택한다. 직장은 많지만, 좋은 사람은 드물고 검증하기도 쉽지 않다. 그래서, 고용주의 리스크가 더 크다고 할 수도 있다. 사람을 잘못 고용해서 회사가 위기를 맞기도 한다. 그러나, 회사가 위기라면, 종업원은 직장을 옮기면 된다. 이런 면에서 보면, 종업원의 선택지가 넓다. 큰돈은 못만지더라도 고정수입은 계속 유지할 수 있다.

종업원 관점에서 처음에는 회사가 대외적으로 드러난 모습, 즉 연봉, 회사 이미지, 안정성, 복지 등 근무 환경 등을 보고 판단할 수밖에 없다. 그래서 신입사원의 경우 자신의 청춘을 투자해서 치열한 경쟁을 뚫고 입사하게 된다. 입사 자체가 하나의 목적이었을 것이다.

그러나, 입사가 끝이 아니다. 그다음 목적지가 있어야 입사의 의미가 있는 것이다. 행복하리라고 생각했던 직장생활은 이상한 동료, 상사, 임원 그리고 경영진에 대해 불합리한 부분이 정말 많다는 것을 느끼게 된다. 입사가 끝일 줄 알았지만, 불공평, 불공정을 맞이하고, 때로는 좌절하기도 하고, 방향성을 잃기도 한다. 그러나 분명한 것은 자신의 선택이다. 최선의 선택은 없다. 그 선택을 옳게 만들려고 하는 자세가 중요하다.

　종업원 관점에서는 오너가 절대로 같은 비율로 나누어 주지 않기 때문에 항상 불공정하다고 생각하는 경향이 있다. 오너의 투자 자본의 가치와 종업원의 투입 시간가치를 동일시하려는 것이다. 동일하지 않다.

　직원들의 능력과 가치가 다르고, 객관화할 수 없기 때문에 배분의 이슈가 또 발생한다. 결국 균등하게 배분되는, 모두가 만족하는 배분은 현실적으로 있을 수 없는 것이다. 공정이 담보되지 않기 때문에 투명성은 사실 허상에 가깝다. 합리적인 목표를 부여 받기를 원하고, 그 목표 달성을 하면 성과 보상 체계도 투명하게 공개하기를 원한다. 물론 회사도 이러한 사항에 대해 노력한다. 그러나, 목표설정 자체가 합리적일 수 없으며, 평가 보상 또한 공정할 수 없는 것이 현실이다.

　부자의 습관을 따를 것인가? 빈자의 습관을 따를 것인가? 부자는 시간당 생산성을, 빈자는 시간당 대가를 추구한다. 둘 중 하나만 결정해야 한다. 중간을 없애야 한다. 일을 통해 배워서 자신의 시간당 생산성을 높일 것인지, 시간당 대가에 대한 불만으로 다른 직장을 알아볼 것인지.

"Work like hell. I mean you just have to put in 80 to 100-hour weeks every week. This improves the odds of success."
"미친 듯이 일하라. 매주 80에서 100시간 일해야 한다. 이것이 성공 확률을 높인다."

—Elon Musk

　오너는 사실 자신을 위해 일을 한다. 그런데 종업원은 회사를 위해 일한다. 그러나, 시간의 방향을 바꾸어야 한다. 자신을 위한 시간으로 바꾸는 것은 일을 통해 배우는 것이다. 자신을 위해서 열심히 일하고, 대가를 위해 일하는 것이 아니라 배우기 위해 일한다는 마인드로 변경해야 한다. 그렇다면, 당신은 매주 100시간을 일해도 지치지 않는다. 자립을 위해 일하면, 모든 순간이 즐겁고, 가치 있다고 느낄 것이다.

과연 격차를 따라잡을 수 있는가?

"I am a slow walker, but I never walk back."
"나는 느리게 걷지만, 결코 뒤로 걷지는 않는다."

—Abraham Lincoln

직장생활을 처음 시작하면, 기라성 같은 사람들을 만나게 된다. 할 줄 아는 게 없는 것 같고, 눈치도 보이고, 시키는 일 하느라 급급한데, 그마저도 매일 지적 받으면서 생활하게 된다. 심리적 붕괴와 함께 자존감도 떨어지고, 방향성을 많이 잃는다고 한다.

신입사원들은 입사 자체가 목적이었기 때문에 목적을 달성한 다음에는 대개 방향성을 잃기 쉬워 보인다. 그러나, 이러한 시간도 겪어봐야 방향을 잡는다. 너무 좌절할 필요는 없다. 어차피 내가 선배보다 더 오래 회사에 다닌다고 생각하고 묵묵히 앞으로 나아가야 한다.

■ 돈이 아닌 배움을 위해 일한다고 생각해야 한다.

나는 일을 하고 대가를 받지만, 배움을 통해 더 큰 보상을 받는다. 그러니 배우기 위해 일하는 것이라고 스스로 일과 직장에 의미를 부여해야 한다.

■ 다르게 생각하고, 자신만의 학습 방식을 구축해야 한다.

배움의 가장 빠른 길은 일상에서 스스로 배우는 것이다. 가르쳐 주는 것을 배우지 말고, 그것을 자신만의 방식으로 재해석해야 한다. 이것이 일종의 '깨달음'이다. 매 순간 깨달을 수 있다면, 아마도 그는 무적이 될 것이다.

■ 비교하지 말고, 발전을 추구해야 한다.

시간당 생산성은 반드시 큰 시간당 대가로 돌아온다. 지금의 시간과 미래의 시간을 비교해야 한다. 비교를 통해 스스로 발목 잡지 말고, 앞으로 나아가지 못하는, 발전하지 못하는 자신을 질책해야 한다.

■ 시간을 판매한 것이 아닌, 투자한 것으로 생각해야 한다.

'현재 버는 돈'과 '현재 가진 자산의 양'은 모두 다르고, 초라해 보일 수도 있다. 하지만, 적어도 미래에 벌어들일 수 있는 '미래의 돈'을 결정하는 것은 지금 시간을 보내는 방식이다. 본인의 결정이고, 본인의 시간을 투자하는 것이다. 투자에 대한 책임은 본인에게 있다.

■ 토끼와 거북이, 어떻게 선배를 따라잡을 수 있는가?

예전에 한 직원과 저녁을 먹는 자리에서 그가 "내 직장생활의 목표는 선배님을 따라잡는 것이다. 정말로 열심히 해서 영업 분야에서는 최고가 되고 싶다."라고 말한 적이 있다. 열심히 한다는 의미에 대해서 토끼와 거북이를 사례로 들어 이야기한 적이 있다. 상대가 쉬면서 낮잠 자기를 바라느냐, 너는 나보다 더 빨리 쉼 없이 뛰겠다는 말이냐? 과연 거북이가 본인의 힘으로 이긴 것이 맞는가, 그런 승리가 의미가 있는가, 되물은 적이 있다.

토끼와 거북이 이야기에는 정해진 코스가 있었다. 마치 육상경기처럼 트랙이 있는 경우와 같다. 조건이 같아야 하고, 도착시간이라는 기준이 있어야 승부를 가릴 수 있다.

직장생활에는 정해진 트랙이 없다. 목표 지점만 있을 뿐이다. 출발점도 다르고, 정해진 트랙이 없다. 도달점만 있을 뿐이다. 목표 지점으로 가는 길은 수천 가지다. 심지어 그 도달점도 늘 바뀌게 마련이다. 오래되고 능숙한 것이 반드시 잘하는 것을 의미하지는 않는다.

트랙은 고정관념이다. 트랙을 깨면, 생각의 자유가 생긴다. 빠르게 가는 것보다 남들과 다르게 가는 것이 중요하다. 많이 안다고 해서, 오래 만났다고 해서 과연 잘하는 것일까? 이미 많이 왔고, 되돌리기는 손해가 크기 때문에 그 길이 맞는 것이라고, 합리화하고, 주장하는 것은 아닌가?

06

①②···⑤**⑥**⑦···⑮··· '일'이란 무엇인가?

"Do not pray for tasks equal to your powers. Pray for powers equal to your tasks."

"당신의 능력에 맞는 일을 기도하지 말고, 당신의 일에 맞는 능력을 기도하라."

—Phillips Brooks

부자는 일을 먼저 하고, 휴식을 가진다. 빈자는 먼저 쉬고, 임박해서 일한다. 부자는 일에 대한 대가보다는 배움을 위해 일한다. 그리고, 그 일을 통해 목표를 정하고, 독립을 꿈꾼다. 부자는 자신만의 방식으로 일을 해석하고, 독창적인 방식을 구축한다. 일을 통해 사람들을 연결하고, 시간과 방법을 확장한다.

부자는 최고를 지향하고, 빈자는 다른 사람으로부터 칭찬과 인정을 추구한다. 남들보다 나으면 된다고 생각한다. 부자는 자신의 실력과 발전을 위해 일하고, 결과에 대한 만족이 아닌 그다음을 위한 교훈을 추구한다.

부자는 일을 신속하게, 정확하게 하는 것을 좋아하고, 빈자는 시

257

간을 조절해서 일한다. 부자는 다른 사람의 시간을 존중하는 법을 안다. 그래서, 사람들이 모이고, 이를 통해 부자의 시간은 확장되고, 더 크게 발전한다.

일하는 습관 하나만 봐도, 부자와 빈자의 차이에 관해 쓸 소재가 너무나 많다. 일하는 방식에 대한 자세한 내용은 다음 책에서 이어가고자 한다. 근본적인 차이는 '자기 시간에 대한 자존감'에서 비롯된다. 회사와 계약한 시간을 자신의 시간으로 되돌리는 것이다.

① 일은 그 자체만으로도 훌륭한 스승이다.
② 회사에서의 일을 통한 배움은 돈으로 살 수 없는 것이다.
③ 나는 일을 통해 실험을 할 수도 있고, 독립을 꿈꿀 수 있다.
④ 일을 잘하면 시간당 생산성이 증대되어 여유를 가진다.
⑤ 여유는 상상력과 독창성을 선물하며, 나를 차별화 시킨다.
⑥ 사람들이 모이고, 소통하고, 더 발전한다. 복리가 시작된다.
⑦ 실력에 대해, 시간에 대해, 돈에 대한 자유를 얻게 된다.

회사에는 너무나 다양한 일이 있다. 결국 높은 가치를 담은 제품을 만들고, 이를 판매하여 가치를 전달하는 것이 회사의 존립 목적이다. 그러나, 그 과정에서 수많은 업무가 생겨난다.

직원들에게 대개 일에 대한 선택권을 주지 않는다. 양지와 음지가 있듯이 누군가는 하기 싫어하는 일을 해야 하는 것이다. 결국, 일은 공평하게 주어지지 않고, 평가도 성과를 기준으로 이루어지기 어렵다. 매우 복합적인 과정을 거쳐서 평가는 이루어진다.

■ 배움의 관점에서 소중하지 않은 일은 없다.
복잡한 일, 단순한 일, 중요한 일 등 다양한 표현으로 일에 대해 평가를 하기도 한다. 그러나, 이는 회사의 관점이지 나의 관점이 아니다. 배움의 관점에서는 복잡하고, 단순하고, 하찮은 일은 없다. 다만 배움에 대한 열망이 없기 때문에 하기 싫은 것이다.

■ 끝없이 연결되기 때문에 끝을 보고 일해야 한다.

일은 절대 독립적일 수 없다. ①②③…⑤❻⑦…⑮……. 끝없이 연결된다. ❻번 일을 하는 사람은 ⑤번 일을 한 사람 결과물의 영향을 받을 것이고, 다음 일인 ⑦번 일을 할 사람과의 연결을 생각해야 한다. 항상 다음을 생각해야 하고, 몇 단계까지 보고 일을 하느냐 하는 것이 바로 일을 하는 실력일 것이다.

회사에서 발생하는 일의 끝은 제품 판매를 통해 가치를 전달하는 것이다. 물론 그 가치가 또 다른 고객에게 전달되어 또다시 연결되겠지만, 1차로 회사의 목표는 판매다. 팔릴 만한 제품을 만들어야 하고, 영업사원이 판매를 잘 하도록 지원해야 한다.

자기 일이 판매를 위해 어떤 의미를 가지는지를 파악하고, 그 판매로 연결하기 위해 그 어떤 가치를 찾아야 한다. 연결되어 일을 하지만, 잘 연결하는 것이 일을 잘하는 것이다.

직장에서의 일은 잘게 쪼개져 있어, 자신이 하는 일의 의미와 목적이 무엇인지 잘 모르는 경우가 있다. 월급은 고객이 주는 것이지 고용주가 주는 것이 아니다. 판매를 고려하지 않는 일은 아무런 가치가 없는 일이다. 일을 위한 일은 없다. 연결되어야만 의미와 가치를 가진다. 전체 과정 중의 한 부분일 뿐이고, 전체를 이해하지 못하면, 일을 시작하지 말 것을 추천하고 싶다.

자신이 하는 일에 자부심을 지니기를 바란다. 그 일로 인해 제품이 판매되어 벌어들인 돈으로 자신의 급여를 받는 것이고, 이 제품은 고객에게 제공되어서 또 다른 가치를 제공한다. 그 가치로 인해 혹시 아는가? 또다시 연결되어 사람들이 행복과 성공을 돕는 것일 수도 있는 것이다. 연결을 잘하는 사람은 일을 잘할 수밖에 없다.

■ 다름을 인정하고, 다르게 접근해야 한다.

혼자서 독립적으로 할 수 있는 일은 없다. 누군가의 관계 속에서 일을 할 수밖에 없으며, 그 사람들의 다름을 인정해야 한다. 그 다름을 인정해야만 다른 방식으로 일을 할 수 있다. 다름을 추구한 일 하는 방식은 세상에 없는 것이고, 세상에 없는 제품을 만드는데 이바지하게 되어있다.

■ 시간비용 관점을 고려하고, 상대의 시간을 존중해야 한다.

시간비용을 반드시 고려해야 한다. 시간당 생산성을 고려해야 한다는 말이다. 즉, 일을 빨리 끝낼 수 있는 방법을 항상 찾아야 한다는 말이다. 이것이 부자가 일하는 방식이다. 시간을 확보하기 위한 좋은 방법 하나는 일을 잘하는 것이다. 빨리 끝내고, 그 시간 동안 다른 것을 할 수 있는 것이다.

또한, 일을 잘하는 사람은 다른 사람의 시간을 존중할 줄 아는 사람이다. 나의 일을 기다리는 사람들이 있다. 다른 사람의 시간을 존중하기 위해서는 나 자신이 일을 신속하게, 정확하게 해야 한다. 일은 연결되므로 내 일을 받는 사람의 시간을 존중한다면, 내가 일을 정확하게 신속하게 해야 하는 것이다.

이런 의미에서 시간을 소중하게 생각하고, 타인의 시간을 존중할 줄 아는 사람은 대체로 일을 잘하는 것이다.

■ 함께 일하고, 리소스와 시스템을 활용해야 한다.

시간당 생산성을 높이는 좋은 방법은 함께 하는 것이다. 또한 조직의 리소스와 시스템을 잘 활용해야 한다. 조직에서 가장 경계하는 것은 바로 개인기에 의한 성과이다. 불편하더라도 조직적인 커뮤니케이션을 해야 한다. 상사의 역할이 없는 프로젝트라고 하더라도 때로는 상사의 역할을 만들 줄도 알아야 한다.

■ 자신의 배움을 위해서 일하고, 혼을 담아 일해야 한다.

자신이 생각과 고민이 투영된 결과물인지 아닌지의 여부는 바로 알 수 있다. 질문 하나만 해봐도 바로 알 수 있다. 고민하지 않는 사람은 인정받지 못한다. 생각과 고민을 투영하지 않는 사람은 좋은 평가를 못 받는다. 모든 일은 자기 얼굴이자, 상사의 얼굴이다.

07

보이고 싶은 모습, 보이는 모습, 평판

"Character is like a tree and reputation like its shadow. The shadow is what we think of it; the tree is the real thing."

"인격은 나무와 같고, 평판은 그 그림자와 같다. 그림자는 우리가 생각하는 것이고, 나무는 실제이다."

—Abraham Lincoln

어떤 사람이 되고 싶은가? 실제로 그렇게 비치는가? 어떤 인격과 평판을 지니고 있는가?

사람이 추구하는 모습은 여러 가지 관점이 있겠지만, 지금 원래 모습, 비치는 모습, 보이고 싶은 모습일 것이다. 이 모습들은 늘 같지는 않다. 서로의 가치관과 바라보는 관점이 다르기 때문이다. 그런데, 이 세 가지 모습이 일치하게 한 방향으로 연결하는 것이 무엇일까?

바로 '겸손'이다. 겸손은 자기 인식과 타인에 대한 존중으로 정의된다. 타인에게 비치는 모습을 있는 그대로 받아들이고, 타인을 비난하기보다는 늘 자신으로부터 원인을 찾는 것이다. 이를 통해 늘 배우는 자세를 가지게 되는 것이다.

최초의 철학자로 불리는 고대 그리스 탈레스가 말했다고 한다.

"자기 자신을 아는 것이 가장 어려운 일이고, 다른 사람에게 충고하는 일이 가장 쉬운 일이다."

자기 자신을 있는 그대로 바라보기가 정말로 어렵다는 말로 해석된다. 그러나, 항상 생각해야 한다. 바라보는 방향을 타인이 아닌 자기 내면으로 바꾸어야 한다. 자신이 보이고 싶은 모습과 타인에게 비치는 모습을 타인 통해 늘 살피는 습관을 들여야 한다. 타인의 눈이 정확하다. 타인의 눈이 거울이다.

그래서, 사람의 진짜 모습은 내가 생각하는 나의 모습이 아니라 타인에게 보이는 모습인 것이다. 이 말은 아무리 내가 똑똑하고, 성과를 많이 내었다 하더라도 남들은 그렇게 생각하지 않을 수 있다는 말이다. 여기서, 다른 사람들을 비난하거나 억울하게 생각할 필요가 없다. 타인이 바라보는 모습이 나의 모습이라는 점을 받아들여야 한다는 말이다.

일을 하는 과정에서 사람들이 보이는 행동양식은 저마다 다르다. 이러한 행동양식이 곧 그 사람의 평판을 만들게 된다. 빛나지 않는 일을 맡았다 하더라도 맡은 일을 해 나가는 과정에서 보이는 행동양식은 저마다 다르다.

가장 좋은 평판은 늘 배우려고 하는 태도다. 이것은 사람들의 시선을 끌고, 사람들을 모이게 한다. 발전을 추구해야 한다.

08

찬란한 50대를 위한 준비

가장 소득이 높아야 할 나의 50대. 어떤 사람은 50대가 오지 않는 것처럼 행동한다. 50대의 모습을 결정할 지금의 시간을 어떻게 활용할 것인가?

연봉은 복리 효과가 있어 누적으로 상승하게 된다. 50대가 가장 연봉이 높아야 할 시기이다. 30대의 가치가 가장 높지만, 아이러니하게도 50대의 연봉이 가장 높다. 사회 초년생 처지에서는 정말 불리한 현상이라고 볼 수도 있다. 그러나 당신에게도 오지 않았으면 하는 50대는 반드시 온다.

그렇다면, 우리는 50대 그 이후를 준비해야 한다. 시간이 소중하다는 점을 우리는 알고 있지만, 대비하지 않는 경향이 있다. 마치, 시간이 멈추어 있을 것이라고 착각하고 사는 사람도 있다.

통계에 따르면 2023년도에 70대 인구가 20대 인구를 추월했다. 연도별 출생 인구가 가장 많은 지금의 5~60대가 기다리고 있다. 인구가 줄고 있고 노년층과 평균 수명은 늘어나고 있다. 이 말은 더 많은 돈이 필요하고 실력이 필요하다는 말이다.

돈 중에 가장 중요한 것이 고정수입과 고정비용이다. 고정수입은 수입의 양도 중요하지만, 벌어들일 수 있는 기간이 더욱 중요하다. 반면, 고정비용은 자기 삶의 방식을 보여주는 것이다. 다음 책의 메인 주제이다.

시간자산에 대한 인식은 늘 배우는 자세, 겸허한 삶을 선물할 것이다. 사람은 일을 할 수밖에 없고, 그 일을 하는 시간 동안에도 늘 남는 시간은 있다. 그 시간을 잘 활용할 것을 권장한다.

1) 온전한 자기 의지로 하루를 시작

온전히 자기 의지로 선택할 수 있는 시간은 하루의 시작이다. 혼자의 힘으로 나의 시간을 선택할 수 있는 유일한 시간, 남들보다 시간의 절대량을 남들보다 늘리는 방법이다. 이 작은 루틴이 나의 삶을 더 행복하게, 성공적인 방향으로 이끌 수도 있다. 다만, 그 시간을 어떻게 사용하느냐는 또 다른 문제이기도 하다.

2020년 초 결혼한 이후 남들보다 1시간 먼저 출근하기 시작했다. 지금까지 20년을 넘게 그 일상은 늘 반복적으로 지켜지고 있다. 고객과의 저녁 약속이 있더라도 늘 지켜오고 있다. 사무실에 출근하면 혼자 조용히 회의실에서 책을 읽으며 공부했고, 8시 40~50분 사이에 조용히 회의실을 나와서 그때 출근하는 것처럼 조용히 살았다.

공부 내용은 부동산, 주식 등 재테크를 포함해서 경제의 원리, 돈의 정의, 흐름 등 원초적인 문제에 관심이 많았는데, 넉넉하지 못한 결혼 생활이 이러한 습관을 선물한 것 같다. 나는 나의 인생을 다른 사람이 좌지우지하는 것을 불편하게 생각했기 때문에 어떻게 하면 독립적으로 살 수 있는가를 고민했다. 인생 관점에서는 회사의 월

급에 의존적인 삶을 살기 싫었고, 회사가 나를 선택하는 것이 아니라 내가 회사를 선택할 수 있는 실력을 갖추고 싶었다. 지금도 그 습관은 유지하고 있다.

2) 1일 1시간이 가지는 의미

잠자는 시간 8시간, 출퇴근 시간 2시간, 회사에서 보내는 점심시간 포함 9시간 총 19시간을 빼면, 혼자 자기만을 위해 보낼 수 있는 시간이 5시간이 나온다. 이 5시간 중에서 1시간의 의미는 1/5에 해당한다. 이 하루 1시간이 20년이 쌓인다고 가정하면 남들보다 몇 년을 더 사는 것인가?

유튜브 채널 'AND'가 제작한 여러 '세대별 시리즈' 중에서 '9시 출근 시 회사 도착시간'에 관해 조사한 적이 있다.

알파 세대와 MZ세대는 "9시까지 출근해야 한다."라는 반응을 보였다. 알파 세대인 A 양은 "(출근 시간까지) 1분 남기고 8시 59분"이라며 "그래야 조금 더 쉴 수 있다. 1분이라도 더"라고 답했다.

Z세대인 B 씨(23)는 "8시 50분. 나는 보통 10분 전에 먼저 가는 스타일이긴 한데 9시까지 가도 상관없다. 9시 출근이니까."라고 말했다.

M세대인 C 씨(32)는 "출근하다 보면 예상치 못한 일들이 많이 일어나는 편이라 그런 걸 생각해서 10분 전엔 도착한다."라고 했다.

X세대인 D 씨(42)는 "일의 능률로 보면 일반적으로는 30분 전에 출근해야 한다."라고 밝혔다. X세대와 베이비붐 세대는 9시까지 업무 준비를 마쳐놓고 9시부터 곧바로 업무를 시작해야 한다

고 봤다.

베이비붐 세대인 E 씨(66)는 "나는 30분 전"이라며 "지각하면 눈치 봐야 하잖아. 그래서 난 맘 편히 30분 전에 간다. 불안하게 사는 건 싫다."라고 말했다. '직장 후배가 9시 딱 맞춰 온다면?'이라는 질문에 E 씨는 "일만 잘하면 괜찮다. 그런데 일찍 오는 사람이 대개 일을 잘한다."라고 강조했다.

회사마다 근무 개시 시간에 관한 규정이 있다. 살펴봐야 한다.

3) 두 손이 자유로운 출퇴근 시간

출퇴근 2시간, 당신은 무엇을 하는가? 두 손은 자유로운가? 무엇을 하고, 보고, 듣는가?

처음에 나는 자가 차량으로 출퇴근을 시작했다. 영업사원으로서, 서울/인천/수원/원주까지 관할 했던 업무 특성상 차량이 필요했다. 그러나, 위에서 말한 시간의 중요성을 자각하고 난 뒤에 나는 과감히 모든 이동 수단을 대중교통으로 바꾸기로 했다. 두 손에 자유를 주기로 한 것이다.

운전대 대신 책을 잡을 수 있었고, 스마트폰이 나온 이후로는 정보를 검색할 수도 있게 되었다. 처음에는 나도 지하철/버스에서 게임을 즐겼다. 물론 게임은 퇴근 이후에도 계속되었고, 주말에도 가끔 즐겼고, 소위 말해서 중간중간 비는 시간에 습관적으로 게임으로 손이 향했다.

그러나 시간의 소중함을 깨닫는 어느 순간 모든 게임은 중단하였고, 다시 책으로, 각종 정보검색, 경제 뉴스 등으로 나의 시간이 향했던 것 같다. 그때 깨달은 것은, 세상의 모든 즐길 거리는 이러한 사람들의 시간을 빼앗는 기술이라는 것이었다.

4) 타인의 지혜를 얻는 점심/저녁 시간

습관적으로 늘 먹던 사람들과 함께, 회사 이야기를 하면서 시간을 보내는 횟수는 줄이는 것이 바람직하다. 가급적 다양한 사람들과 약속을 잡아서, 다양한 경험과 지식을 배울 기회로 활용하는 것이 도움이 될 것이다.

한때, 워렌 버핏은 매 점심을 모르는 사람과 함께하고, 그 대가로 받은 돈을 기부했는데, 이때 사실 배운 것은 상대방이 아니라 워렌 버핏일 가능성 높다. 다양한 사람, 생각 등을 통해 학습, 투자 아이템 등을 발견하기도 하니 말이다.

야근은 시간을 돈으로 바꾸는 것으로 해석될 수 있다. 권장하지 않는다. 돈을 쫓는 가장 전형적인 시간이라고 본다. 필자는 개인적으로 야근하지 않는다는 원칙을 나름대로 고수하고 있다. 나는 그 시간을 다른 사람들과 함께 보내려고 노력하고 있다.

5) 일과 삶의 연결하고, 통합하라

부자는 일과 삶을 연결하고 통합한다. 빈자는 분리한다. 부자는 배움에 최고의 가치를 부여한다. 급여, 시간보다는 모든 순간에 배움을 추구한다. 배운 것을 삶으로 연결하고, 통합한다. 배움의 시간은 일하는 시간, 개인적인 시간, 주말, 휴가가 따로 있는 게 아니다. 모든 시간은 소중한 자산이다. 자산의 가치를 극대화하는 가장 좋은 방법은 모든 순간에 배우는 것이다.

직장과 직장에서 만나는 사람들 모두를 배움의 관점에서 재해석하기를 바란다. 소중하지 않은 시간은 없고, 시간을 둘러싼 모든 것은 내 삶에 소중한 의미가 있고, 학습의 신호를 보내고 있다. 다만 신호를 해석하는 방법, 배우는 방법을 모를 뿐이다.

'성약설'이라는 말이 있다. 사람은 본래 선량할지는 모르지만, 기본적으로 각종 유혹에 약하다는 것이다. 약한 마음을 잡기 위해서는 최소한의 의지가 필요하며, 작은 루틴이 반복되면 습관이 된다. 본질로 향하는 습관을 갖기를 바란다.

■ 하루의 시작을 일정하게 할 것

"Write it on your heart that every day is the best day in the year."
"매일이 일 년 중 최고의 날이라는 것을 마음속에 새겨라."

—Ralph Waldo Emerson

사람이 가진 자산은 사실 '오늘 하루'밖에 없다. 과거는 지나온 것이며, 미래는 아직 오지 않았다. 길고 긴 시간길이지만, 사실 '늘 새로운 하루'가 길을 만드는 것이다. 그래서, 사람은 매일 잠을 잔다. 그리고 새로운 하루를 리셋하고 다시 출발하는 것이다. 하루 시간 중 온전하게 자신의 의지로 선택할 수 있는 시간은 '잠에서 깨는 시간'이다.

가장 훌륭한 우주의 섭리는 사람은 매일 '새로운 하루'를 가지도록 설계된 것이라고 생각한다. 모든 생명은 매일 새로운 하루를 선물 받는다. 필자는 매일 아침 시간에 1시간 동안 나만의 시간을 가지려고 늘 노력하고 있다.

■ 정기적으로 혼자만의 30분 이상 시간을 가질 것

"Solitude is not something you must hope for in the future. Rather, it is a deepening of the present."
"고독은 미래에 희망해야 하는 것이 아니다. 오히려, 현재를 깊이 있게 만드는 것이다."

—Thomas Merton

자신의 시간길을 점검하는 시간을 가지기를 바란다. 어제와 오늘, 그리고 걸어갈 시간길의 방향성을 점검해야 한다. 커피를 마시든 '멍때리기'를 하든 혼자만의 시간이어야 한다. 적어도 걸어온 시간길, 주변 사람들의 동조화 관성에 '잠깐의 멈춤'을 주는 것으로써, 새로운 관점과 동력을 얻게 될 것이다. 이 시간에는 스마트폰을 내려놓은 혼자만의 시간이어야 한다. 훈련해야 한다.

■ 가끔씩, 전혀 다른 사람을 만날 것

"Every man I meet is in some way my superior, and in that I learn of him."
"내가 만나는 모든 사람은 어떤 면에서든 나보다 우월하며, 그 점에서 나는 그로부터 배운다."

—R. W. Emerson

직장인들의 점심과 저녁 시간은 자신의 시간을 타인을 통해 확장하기 좋은 기회이다. 늘 만나던 사람도 중요하지만, 의식적으로 다른 사람을 만나는 시도를 하는 편이 좋다. 그들의 생각을 듣고, 관찰하는 것은 다양한 관점을 가지는 좋은 배움의 시간이 될 것이다. 대부분의 기회는 사람을 통해 확장된다. 책을 읽는 것도 다른 사람의 가치관과 경험을 만나는 좋은 시간이다.

■ 반응하기 전 1초의 멈춤을 가질 것

그 1초의 멈춤이 경청의 습관을 가져다줄 것이고, 모든 신호를 해석하는 시간이 될 것이다. 이러한 1초는 본질에 대해 생각하는 시간이 될 것이고, 방향을 잡게 해줄 것이다. 1초는 당신을 매력적으로 만들기 충분한 시간일 것이다.

■ 다른 사람의 시간을 존중하면, 나의 시간도 존중된다

모든 미팅, 회의 시간은 서로의 시간이 시너지를 얻어야만 가치가 있는 것이다. 정기회의, 전체 회의를 최소화하고 공통 주제로만 진행할 것. 회의 시간을 짧게 설정하고, 강제로 종료시켜야 한다. 다른 사람의 시간을 존중하는 것은 가장 중요한 인격이다.

좋은 인격을 가지는 것은 삶을 능동적으로 만드는 가장 좋은 방법이다. 사람들이 모이게 하는 힘이 있고, 다가오는 사람에게 최선을 다하다 보면 더 많은 사람이 모인다.

이들과의 대화 속에서 서로 성장하지만, 많은 사람이 다가오기 때문에 나는 더 많이 성장할 수 있다. 절대로 다른 사람의 시간을 이용하지 말 것을 강력히 추천한다.

■ 배우기 위해 일할 것, 최고가 되어 독립을 꿈꿀 것

모든 시간으로 되돌리는 유일한 방법은 매 순간 '배움'을 추구하는 것이다. 배우고자 하는 마음은 사람을 지치게 하지 않는다.

치열하게 배우고, 고민하는 사람이 어떤 분야에서든 최고가 된다. 자신이 하는 일을 사랑하고, 그 분야에서 최고가 되기 위해 일을 해야 한다. 독립을 할 수 있고, 다른 사람의 시간을 고용할 수 있다. 최고가 되는 것이 유일한 방법이다.

■ 관성과 타성이 아닌 자신만의 방식을 구축할 것

나의 습관과 타인의 행동 방식을 시간을 기준으로 재해석해 봐야 한다. 모든 규칙과 패턴에 대해 시간의 본질이라는 관점에서 재해석하고, 자신만의 방식으로 다시 받아들여야 한다. 모든 결정에 있어 자신만의 기준과 결정 방식을 구축하고, 고수해야 한다. 누구도 나의 시간을 침해할 자격은 없다. 모든 시간을 나를 기준으로 돌아가게 약간은 이기적인 관점에서 접근해야 한다. 이런 사람들이 더 일을 잘한다.

■ 80%를 듣고 관찰하고, 20%를 질문과 공감으로 채울 것

"If I had an hour to solve a problem, I'd spend 55 minutes thinking about the problem and 5 minutes thinking about solutions."
"문제를 해결하기 위해 1시간이 주어진다면, 나는 55분을 문제를 이해하는 데 쓰고, 5분을 해결책을 생각하는 데 쓸 것이다."

—Albert Einstein

소통의 3요소를 기준으로 모든 상황을 해부해 보는 훈련을 하는 습관을 들여야 한다. 무엇이 신호를 주고 어떻게 반응하는 지를 관찰하면, 재미있는 일상이 될 것이다.

관찰한 것을 확인하기 위해 말하고, 질문해야 한다. 다양한 관점,

일정 기간, 다른 상황에서 관찰해야 비로소 그 온전한 모양을 볼 수 있다. 이러한 관찰을 통해 상대방의 숨은 의도 등 본질을 파악하게 된다. 자주 다양한 상황에서 만나서 질문하고, 들어보고, 관찰하고, 공감하는 훈련을 해야 한다.

저마다 생각과 행동의 패턴이 있다. 반복적인 관찰로 그 패턴을 읽을 수 있는 능력을 키우게 된다. 이러한 능력은 엄청난 차이를 유발하고, 나를 차별화하는 훌륭한 방법이 될 것이다.

■ 숫자가 아닌 추세를 추종하고, 발전을 추구할 것

"Strive not to be better than others, but to be better than your former self."

"다른 사람보다 나아지려 하지 말고, 과거의 자신보다 나아지려고 노력하라."

—William Shakespeare

어제의 나와 오늘의 나는 달라야 한다. 또한, 주변 사람과 나는 달라야 한다. 숫자를 추종하는 것은 타인과 비교하는 것이고, 추세를 추종하는 것은 어제와 오늘을 비교하는 것이다. 사람은, 조직은, 아침을 맞이하면서 '늘 새로운 하루'를 선물 받는다. 이 하루는 '어제와 다른 오늘'이어야 한다. 이것을 반복하면, 숫자는 따라오게 되어있다. 발전을 추구하는 것은 시간을 효율화하는 것이며, 이것은 돈을 부른다.

■ 컨트롤할 수 있는 것과 없는 것을 분리할 것

컨트롤할 수 있는 것에 집중해야 한다. 급여와 보상에 대한 불만은 컨트롤할 수 없는 것이고, 내가 가장 잘할 수 있는 것은 배움이다. 사람에게 집착하는 것은 할 수 없는 일을 하는 것이고, 그 사람의 상황을 관리하는 것은 할 수 있으며, 그 결과, 나도 그 사람도 바뀌게 된다. 사람에게 집착하지 말고 그의 상황을, 나 자신을 관리해야 한다.

사람을, 상황을 통제하려고 할수록 당신은 아마 그 사람과 상황에 예속될 것이다. 이는 자신과 다른 사람의 시간을 존중하는 태도가 아니다. 통제할 수 없는 것으로부터 자신을 자유롭게 해야 한다. 지위가 높다면, 사람과 남의 시간을 통제할 수 있다고 생각하는 순간 그들의 반응에 더욱 흥분하고, 구속된다는 것을 깨닫기 바란다.

■ 모든 시간을 자신만의 시간으로 되돌릴 것

위에서 말한 모든 실천법은 다른 사람의 시간을 존중하는 것이고, 이를 통해 온전히 나의 시간에 집중하는 방법이다. 모든 순간은 배움의 신호를 나에게 보내고 있고, 자신을 가볍게 하면, 그 신호를 해석하고 받아들일 수 있다.

시간에 대한 확고한 철학, 배움에 대한 무의식적인 강박관념이 자신을 최고로 가는 길로 인도할 것이다. 우리는 늘 성공하는 사람의 삶을 추종하지만, 자신의 차별성은 무시하는 경향이 있다. 시간의 소중함에 대한 인식과 나는 다른 사람과는 달라야 한다는 소명감이 당신을 부자의 길로 인도할 것이다. 부자는 매 순간에 의미와 배움을, 그리고, 행복을 찾는다. '행복한 순간'을 많이 가지기를 바란다.

"시간은 지켜야 할 재산이 아니다."

글을 마치며

"The greatest discovery of any generation is that a human being can alter his life by altering his attitude."
"어느 세대든 가장 위대한 발견은 인간이 자신의 태도를 바꿈으로써 인생을 변화시킬 수 있다는 것이다."

—William James

자신의 시간을 되찾는 여행을 시작해 보기 바란다. 너무나 복잡한 세상이다. 스마트폰이 나오면서, 너무나 많은 것들이 유혹하고 자극한다. 이 과정에서, 자신의 시간에 대한 인식과 정체성에 대해 잃어버리는 순간이 점점 많아진다.

우리는 수많은 비교 속에서 살아가고 있다. 비교들 속에 사는 것은 자신의 삶을 살아가는 것이 아닌, 다른 사람의 삶을 추앙하면서 사는 것이다. 이는 자기 삶이 아니다. 또한 그들로부터 이탈될까 봐 늘 불안해하면서 살고 있다.

사람은 누구나 노년기를 맞이한다. 그 노년기를 결정하는 것은 지금 당신이 어떤 생각을 하면서 자신의 시간을 보내는가 하는 방식, 즉 시간에 대한 태도다. 이 책이 당신의 시간에 대한 태도를 변화시키는데 작은 불씨가 되었으면 한다. 이를 통해 비교가 아니라 발전을 꿈꾸고, 어제와 다른 오늘을 추구하기를 바란다. 그러한 태도가 당신의 미래를 바꿔 놓으리라 확신한다. ※

부자는 시간에 투자하고
빈자는 돈에 투자한다
―시간을 가치로 바꾸는 하루 11시간의 마법

초판 1쇄 발행   2024년 12월 3일

지 은 이   주창희
펴 낸 이   김채민

펴 낸 곳   힘찬북스
출판등록   제410-2017-000143호
주   소   서울특별시 마포구 모래내3길 11 상암미르웰한올림오피스텔 214호
전화번호   02-2272-2554   **팩스번호**   02-2272-2555
전자우편   hcbooks17@naver.com
―
ISBN 979-11-90227-51-3 03190